Sarah Retter

PORTUGUESE:
FAST TRACK LEARNING
FOR
ENGLISH SPEAKERS

The 1000 most used Portuguese words with 3.000 phrase examples. If you speak English and you want to improve your Portuguese, this is the book for you

© 2019 por Sara Retter
© 2019 por UNITEXTO

Published by UNITEXTO

TABLE OF CONTENTS
The 1000 most used Portuguese words

RANKING: 001–100
The 1000 most used Portuguese words

1. the o / a	2. of de	3. and e	4. to para	5. a um/uma
6. in em	7. is é/está	8. you você/tu	9. are são/estão	10. for para
11. that que	12. or ou	13. it isso	14. as como	15. be ser/estar
16. on em	17. your seu/sua	18. with com	19. can poder/conseguir	20. have ter
21. this isso/esse/essa	22. an um/uma	23. by em	24. not no	25. but mas
26. at em	27. from de	28. I eu	29. they eles/elas	30. more mais
31. will será/estará	32. if se	33. some algum/alguma	34. there ali	35. what do que
36. about sobre	37. which qual	38. when quando	39. one um/uma	40. their deles/delas
41. all todos/todas	42. also também	43. how quanto	44. many tanto/muito	45. do fazer
46. has tem	47. most tanto/muito	48. people pessoas	49. other um outro	50. time tempo
51. so tanto/muito	52. was era/estava	53. we nós/nos	54. these estes/estas/isto	55. may poder
56. like gostar	57. use usar	58. into em	59. than do que	60. up acima
61. out fora	62. who quem	63. them eles/elas	64. make fazer	65. because porque
66. such tal	67. throughthrough através	68. get obter/pegar	69. work trabalho	70. even mesmo

71. different diferente	72. its seu/sua	73. no não	74. our nosso	75. new novo
76. film filme	77. just apenas	78. only só	79. see ver	80. used usado
81. good bem	82. water água	83. been estar/estado	84. need precisar	85. should deveria
86. very muito	87. any qualquer	88. history história	89. often frequência	90. way caminho/maneira
91. well bem	92. art arte	93. know saber	94. were estavam/eram	95. then então
96. my meu/minha	97. first primero	98. would faria/gostaria/poderia	99. money dinheiro	100. each cada

1. the/o-a

The sky is clear.	O céu está limpo.
The boy plays with the ball.	O garoto brinca com a bola.
The girl looks pretty in the pink dress.	A garota está linda com o vestido rosa.

2. of/de

The dog of my son is black	O cachorro *do* meu filho é preto
I am short *of* money.	Estou com um pouco *de* dinheiro.
I am proud *of* my son.	Tenho orgulho *do* meu filho.

3. and/e

Jack can read *and* write.	Jack consegue ler *e* escrever.
Please stand here *and* wait.	Por favor, fique aqui *e* aguarde.
Jill likes bread *and* butter.	Jill gosta de pão *e* manteiga.

4. to/para

I went *to* the city	Eu fui *para* a cidade
I went *to* the store to buy a pen.	Fui *para* a loja comprar uma caneta.
He will come to our home tomorrow.	Ele virá *para* a nossa casa amanhã.

5. a/um-uma

A committee has been set up.	*Um* comitê foi criado.
The place is *a* bit far from here.	O lugar é *um* pouco longe daqui.
A cat is crossing the street.	*Um* gato está atravessando a rua.

6. in/em

There is water *in* the glass.	Há água *no* copo.
The girl *in* bar looks good.	A garota *no* bar é bonita.
What is *in* the blue box?	O que há *na* caixa azul?

7. is/é-está

What *is* your name?	Qual *é* o seu nome?
The man *is* definitely deaf.	O homem *é* definitivamente surdo.
He *is* here for a purpose.	Ele *está* aqui para um propósito.

8. you/você

What have *you* done?	O que é que *você* fez?
You will not come early.	*Você* não chegará cedo.
You should improve your handwriting.	*Você* deveria melhorar sua caligrafia.

9. *are/são-estão*

All of them *are* not poor.	Todos eles não *são* pobres.
We *are* here now.	Nós *estamos* aqui agora.
When *are* you coming back?	Quando você *estará* de volta?

10. *for/para*

Do not be late *for* work.	Não se atrase *para* o trabalho.
I studied *for* the exam.	Eu estudei *para* o exame.
It is time *for* us to leave the house.	É hora *para* nós sairmos de casa.

11. *that/que-aquilo*

I hope *that* he will succeed.	Espero *que* ele tenha sucesso.
I should not have said *that*.	Eu não deveria dito *aquilo*.
I thought *that* James was very kind.	Eu pensei *que* James era muito gentil.

12. *or/ou*

It is now *or* never.	É agora *ou* nunca.
I will go, rain *or* shine.	Eu vou, faça chuva *ou* faça sol.
Did you come by bus *or* train?	Você veio de ônibus *ou* trem?

13. *it/isso*

Do not touch *it*.	Não toque *nisso*.
Give *it* to him.	Dê *isso* para ele.
I will see to *it*.	Eu verei *isso*.

14. *as/como-conforme*

Tom acted *as* my guide.	Tom agiu *como* meu guia.
We spoke *as* we walked	Conversamos *conforme* andávamos
It was just *as* I thought	Era exatamente *como* eu pensava

15. *be/ser-estar*

Do not *be* sad	Não *fique* triste.
He must *be* tired	Ele deve *estar* cansado
She must *be* sick	Ela deve *estar* doente

16. *on/em*

Your shirt is on the window.	Sua camisa está *na* janela.
Please put the pen *on* the chair	Por favor, coloque a caneta *na* cadeira
Put the book *on* the table	Ele pôs o livro *na* mesa.

17. *your/seu-sua*

I want to see *your* mother	Eu quero ver *sua* mãe
I appreciate *your* concern	Agradeço *sua* preocupação
Be kind to *your* parents	Seja gentil com *seus* pais

18. *with/com*

What should I do *with* it?	O que eu deveria fazer *com* isso?
Bring the credi card *with* you.	Traga o cartão de crédito *com* você.

| Mix the solution *with* sugar. | Misture a solução *com* açúcar. |

19. *can/poder-conseguir*

Jill *can* jump high	Jill *pode* pular alto
I *can* play tennis	Eu *consigo* jogar tênis.
He *can* be relied on	Ele *pode* ser confiado

20. *have/ter*

I *have* three dogs.	Eu *tenho* três cachorros.
I *have* to go home.	Eu *tenho* que ir para casa.
Let us *have* dinner.	*Vamos ter* um jantar.

21. *this/este-esta-isto*

This makes no sense.	*Isto* não faz sentido.
This bird cannot fly.	*Este* pássaro não pode voar.
This is a small book.	*Este* é um livrinho.

22. *an/um-uma*

He is *an* author	Ele é *um* autor
I have *an* idea	Tenho *uma* ideia
He slept *an* hour	Ele dormiu *uma* hora

23. *by/por-de*

| John came *by* bus. | John veio *de* ônibus. |
| I will come *by* plane tomorrow | Eu vou *de* avião amanhã |

| Let us go *by* car. | Vamos *de* carro. |

24. *not/não*

Jill is *not* tall.	Jill *não* é alta.
Jack may *not* come.	Jack pode *não* vir.
Derek is *not* a teacher.	Derek *não* é um professor.

25. *butmas*

Romeo tried hard, *but* failed.	Romeu tentou muito, *mas* falhou.
Excuse me, *but* I am not feeling well.	Com licença, *mas* eu não estou me sentindo bem.
I am a teacher *but* he is not.	Eu sou professor, *mas* ele não é.

26. *at/em*

I stared *at* the man.	Fixei meu olhar *no* homem.
Did you speak *at* all?	Você *ao* menos falou?
You must go *at* any moment	Você deve ir *a* qualquer momento

27. *from/de*

David came *from* London yesterday.	David veio *de* Londres ontem.
Where do you come *from?*	*De* onde você vem?
The man *from* the bar looked suspicious.	O homem *do* bar parecia suspeito.

28. *I/eu*

| *I* am a very honest man. | *Eu* sou um homem muito honesto. |

I do not like her at all.	*Eu* não gosto dela nem um pouco.
Where do *I* sign?	Onde *eu* assino?

29. *they/eles-elas*

They admire each other.	*Eles* se admiram.
They can speak French.	*Eles* podem falar francês.
They are playing chess.	*Eles* estão jogando xadrez.

30. *more/mais*

Jennifer has *more* books than you.	Jennifer tem *mais* livros que você.
I will not see her any *more*.	Eu não a verei *mais*.
Could you drive *more* slowly?	Você poderia dirigir *mais* devagar?

31. *will/será-estará*

A thousand dollars *will* do.	Mil dólares *serão suficientes*.
I *will* gladly help you.	Eu *terei* prazer em ajudá-la.
They *will* be very glad.	Eles *ficarão* muito contentes.

32. *if/se*

I will come *if* necessary.	Eu irei *se* necessário.
I do not mind *if* it is cold.	No me importa *si* está frío
Jack will come even *if* he is angry.	Jack virá mesmo *se* ela estiver com raiva.

33. *Some/algum-alguma*

I wish to visit Singapore *some* day.	Eu gostaria de visitar Cingapura *algum* dia.

I guess Mary will need some help there.	Eu acho que Mary vai precisar de *alguma* ajuda lá.
I put *some* cream in the coffee.	Coloquei *algum* creme no café.

34. *There/ali-lá*

My teachers made me go *there*.	Meus professores me fizeram ir para *lá*.
I saw Luke standing *there*.	Eu vi Luke parado *lá*.
You can go *there* on a boat.	Você pode ir para *lá* em um barco.

35. *What/o que-qual*

What have I done to deserve this?	*O que* eu fiz para merecer isso?
What is your name?	*Qual* é o seu nome?
What is the matter?	*Qual* é o problema?

36. *About/sobre*

What is the commotion all *about?*	*Sobre* o que é toda essa comoção?
She complained *about* the noise.	Ela reclamou *sobre* barulho.
Be careful *about* what you eat.	Tenha cuidado *com o que* você come.

37. *Which/qual*

Which subject do you like best?	*Qual* é o assunto que você mais gosta?
Which of these balls is yours?	*Qual* dessas bolas é a sua?
Which book did you refer to?	A *qual* livro você se referiu?

38. *When/quando*

When was the work finished?	Quando o trabalho terminou?
When will you leave?	Quando você parte?
When did you get home?	Quando você voltou para casa?

39. One/um-uma

This one is more beautiful.	Este um é mais bonito.
I studied for one hour.	Eu estudei por uma hora.
Choose the one you like.	Escolha um que você gosta.

40. Their/seus-suas

Children should listen to their parents.	As crianças deveriam escutar seus pais.
Do not talk about them behind their backs.	Não fale deles pelas suas costas.
They are on bad terms with their neighbors.	Eles estão de mal dos seus vizinhos.

41. All/todos-todas

Jim looked all around.	Jim olhou todos em volta.
He kept talking all day.	Ele continuou falando o dia todo.
She did not study at all.	Ela não estudou nada.

42. Also/também

The girl was also there.	A garota também estava lá.
I can also speak French.	Eu também sei falar francês.
The boy can also play hockey.	O garoto também sabe jogar hóquei.

43. How/como

How will you do this?	*Como* você vai fazer isso?
How I am I supposed to know this fact?	*Como* eu posso saber sobre esse fato?
How are you?	*Como* você está?

44. Many/muitos-muitas-quanto

Not *many* people know of this.	*Muitas* pessoas não sabem disso.
I have *many* books in my shelf.	Eu tenho *muitos* livros na minha estante.
How *many* chocolates do you have?	*Quantos* chocolates você tem?

45. Do/fazer

Do as you like.	*Faça* como quiser.
Never *do* this again.	Nunca *faça* isso de novo.
Always *do* things differently.	Sempre *faça* as coisas de maneira diferente.

46. Has/ter-haver

There *has* been an accident.	*Houve* um acidente.
Nancy *has* dry hair.	Nancy *tem* cabelos secos.
She *has* her own room.	Ela *tem* seu próprio quarto.

47. Most/maioria-maior-mais

Most people think positive.	A *maioria* das pessoas pensa positivo.
I was in Bangkok *most* of the winter.	Eu estive em Bangkok a *maior* parte do inverno.
What is his *most* recent novel?	Qual é o seu romance *mais* recente?

48. People/pessoas-gente

Not many *people* think like that.	Muitas *pessoas* não pensam assim.
Be kind to old *people*.	Seja gentil com as *pessoas* velhas.
They are good *people*.	Eles são *pessoas boas*.

49. Other/outro

We all love each *other*.	Todos nós amamos uns aos *outros*.
I met her the *other* day.	Eu a conheci *outro* dia.
They smiled at each *other*.	Eles sorriram um para o *outro*.

50. *Time/hora-tempo*

It is about *time*.	E já não é sem *tempo!*
Have a good *time*.	Tenha um bom *tempo*.
I need more *time*.	Eu preciso de mais *tempo*.

51. *So/tanto-muito*

Martha looks *so* tired.	Marta parece estar tão cansada.
He won't endure *so* long.	Ele não aguenta *tanto* tempo.
She hated him *so* much.	Ela odeia *tanto ele*.

52. *Was/estava-era*

Jim *was* in Japan.	Jim *estava* no Japão.
She *was* very happy.	Ela *estava* muito feliz.
I *was* out all day.	*Eu* estava fora o dia inteiro.

53. *We/nós*

We are not amused.	*Nós* estamos impressionados.
We go there often.	*Nós* vamos lá com frequência.
We must keep calm.	*Nós* devemos manter a calma.

54. *These/estes-estas*

These dogs are big.	*Estes* cachorros são grandes.
These scissors cut well.	*Estas* tesouras cortam bem.
Can you mail *these* for me?	Você pode me mandar *estes* por correio?

55. *May/poder*

May I ask you a question?	*Posso* te fazer uma pergunta?
It *may* rain tomorrow.	*Pode* chover amanhã.
You *may* go.	Você *pode* ir.

56. *Like/gostar*

I *do not like her at all.*	Eu não *gosto* nem um pouco dela.
She may not *like* these.	Ela pode não *gostar* disso.
Would you *like* to hear a song?	Você *gostaria* de ouvir uma canção?

57. *Use/usar-costumar*

Can I *use* a credit card?	Posso usar *cartão* de crédito?
We *use* a lot of water every day.	*Nós* usamos muita água todos os dias.
It is of no *use* asking him again.	Não *adianta* de nada perguntar para ele novamente.

58. Into/em

Get *into* the car.	Entre *no* carro.
He ran *into* debt.	Ele ficou *em* dívida.
Tim got *into* bed.	Tim foi *para* a cama.

59. Than/que

Jim is definitely better *than* me.	Jim é definitivamente melhor *que* eu.
I am shorter *than* you.	Eu sou mais baixo *que* você.
She swims better *than* I do.	Ela nada melhor do *que* eu.

60. Up/subir-cima

Turn *up* the TV.	*Suba* o volume da TV.
I called him *up*.	Eu liguei *para ele.*
Prices of electronics went *up*.	Os preços dos eletrônicos *subiram.*

61. Out/fora-apagar

I heard him go *out*.	Eu ouvi ele ir para *fora.*
She threw him *out*.	Ela o jogou *fora.*
Put *out* the light, please.	*Apague* a luz, por favor.

62. Who/quem

Who do you think I am?	*Quem* você acha que eu sou?
Go and see *who* it is.	Vá e veja *quem* é.
Who broke the vase?	*Quem* quebrou o vaso?

63. Them/eles-elas

I do not know *them*.	Eu não conheço *eles*.
We sometimes see *them*	Nós as vezes vemos *eles*.
I do not like any of *them*.	Eu não gosto de nenhum *deles*.

64. Make/fazer-cometer

We all *make* mistakes.	Todos nós *cometemos* erros.
How did you *make* it?	Como você *fez* isso?
What did Martha *make*?	O que a Martha *fez*?

65. Because/porque

She cannot come *because* she is sick,.	Ela não pôde vir *porque* está doente.
I am hungry *because* I skipped lunch.	Estou com fome *porque* pulei o almoço.
We lost our electricity *because* of the storm.	Perdemos nossa eletricidade *por causa* da tempestade.

66. Such/tal

I have never heard of *such* a thing	Eu nunca ouvi falar de *tal* coisa
He cannot have done *such* a thing.	Ele não pode ter feito *tal* coisa.
You should not say *such* things to her.	Você não deveria dizer *tais* coisas para ela.

67. Through/através-atravessar

The arrow went *through* the apple.	A flecha *atravessou* a maçã.
He was looking *through* me.	Ele estava olhando *através* de mim.
The hot knife sliced *through* the butter.	A faca quente *atravessou* a manteiga.

68. *Get/obter-pegar-dar*

Can you *get* me a chocolate?	Você pode me *dar* um chocolate?
What can I *get* for you?	O que posso *fazer* por você?
Where did you *get* those?	Onde você *pegou* isso?

69. *Work/trabalhar*

Please get back to your *work*.	Por favor, volte ao seu *trabalho*.
Complete your pending *work* first.	Conclua seu *trabalho* pendente primeiro.
Can you do this *work* for me?	Você pode fazer esse *trabalho* para mim?

70. *Even/ainda-mesmo-par*

Ten is an *even* number.	Dez é um número *par*.
She did not *even* try to help.	Ela nem *mesmo* tentou ajudar.
I have to go *even* if it rains.	Eu tenho que ir *mesmo* que chova.

71. *Different/diferente*

The shirt looks really *different*.	A camisa parece realmente *diferente*.
My phone is *different* from yours.	Meu telefone é *diferente* do seu.
Did you go to *different* colleges?	Você estudou em faculdades *diferentes*?

72. *Its/seu-sua*

Please put it back in *its* place.	Por favor, coloque-o de volta no *seu* lugar.
It is not mine.	Não é *meu*.
The company fired all *its* employees.	A empresa demitiu todos os *seus* funcionários.

73. *No/não-nínguem*

No one can tell.	*Ninguém* sabe dizer.
I have *no* money.	*Eu não* tenho dinheiro
No, thank you.	*Não*, obrigada.

74. *Our/nosso-nossa*

We will do *our* best.	Faremos o *nosso* melhor.
Welcome to *our* home.	Bem-vinda à *nossa* casa!
We see with *our* eyes.	Nós vemos com *nossos* olhos.

75. *New/novo*

The book is almost *new*.	O livro é quase *novo*.
I bought a *new* phone for her.	Eu comprei um telefone *novo* para ela.
She needs a *new* pair of shoes.	Ela precisa de um *novo* par de sapatos.

76. *Film/filme*

What kind of a *film* is ?	Que tipo de *filme* é?
The *film* was really engrossing.	O *filme* foi realmente cativante.
Did you watch the *film?*	Você assistiu o *filme*?

77. *just/apenas-acabar de*

I am *just* watching TV.	*Eu estou apenas* assistindo TV.
He has *just* arrived.	Ele acabou de chegar.
I am *just* looking.	*Eu estou apenas* olhando.

78. only/só-único

This is the *only* book I have.	Este é o *único* livro que tenho.
I *only* spent a couple of dollars.	*Eu gastei só* alguns dólares.
I *only* slept 3 hours.	*Eu dormi só* 3 horas.

79. see/ver

Please come and *see* this spectacle.	Por favor, venha e *veja* este espetáculo.
Did you *see* that?	Você *viu* isso?
I could *see* him from a distance.	Eu podia *vê-lo* à distância.

80. used/usado-acostumado

He has never *used* such a car	Ele nunca *usou* esse carro
I need to get *used* to this climate	Eu preciso me *acostumar* com esse clima
I have never *used* his shaving kit.	Eu nunca *usei* seu kit de barbear.

81. good/bom

I was never *good* in Physics.	Eu nunca fui *bom* em Física.
Jill scored *good* marks in history.	Jill obteve notas *boas* em história.
The behavior of Jim was *good*	O comportamento de Jim foi *bom*

82. water/água

The dog needs some *water*	O cachorro precisa de um pouco de *água*
Water is the elixir of life	A *água* é o elixir da vida
Can I have a glass of *water?*	Posso tomar um copo de *água?*

83. *been/estado*

I have never *been* to London.	Eu nunca *estive* em Londres.
Have you *been* to the market?	Você já *esteve* no mercado?
I have *been* there twice.	Eu *estive* lá duas vezes.

84. *need/precisar*

I *need* help.	*Eu* preciso de ajuda.
I *need* a favor.	*Preciso* de um favor.
I *need* help.	*Eu* preciso de ajuda.

85. *should/deveria*

How *should* I know?	Como eu *deveria* saber?
He *should* sleep.	Ele *deveria* dormir.
You *should* go.	*Você deveria* ir.

86. *very* (adverb)/muito

I love her *very* much.	Eu a amo *muito*.
The pizza is *very* hot.	A pizza está *muito* quente.
The juice is *very* cold.	O suco está *muito* frio.

87. *any/algum-alguma-nenhum-nenhuma*

Do you have *any* information?	Você tem *alguma* informação?
I don't have *any* fresh clothes.	Eu não tenho *nenhuma* roupa limpa.
Do you have *any* change?	Você tem *alguma* mudança?

88. *history/história*

She has lost her *history* books.	Ela perdeu seus livros de *história*.
History is my favorite subject.	*História* é minha matéria favorita.
Do you know the *history* of this place?	Você conhece a *história* deste lugar?

89. *often/ frequência*

I *often* travel.	Eu *frequentemente viajo.*
How *often* do you visit him?	Com que *frequência* você o visita?
I go there *often*.	Eu vou lá *frequentemente.*

90. *way/caminho-maneira*

Which *way* is the salon?	Qual é o *caminho* para o salão?
Do you know the *way* to the shop?	Você conhece o *caminho* para a loja?
I have lost my *way*.	Eu perdi meu *caminho.*

91. *well/bem*

She sings *well*.	Ela canta *bem*.
How *well* do you know him?	Quão *bem* você o conhece?
I am not feeling *well* now.	Não estou me sentindo *bem* agora.

92. *art/arte*

I am not really an *art* lover.	Eu não sou realmente um amante da *arte*.
The works of *art* deserves special praise.	As obras de *arte* merecem elogios especiais.
The museum displayed lovely pieces of *art*.	O museu exibia lindas peças de *arte*.

93. *know/saber-conhecer*

You should *know* it.	Você deveria *saber* isso.
I do not think I *know* her well.	Eu não acho que a *conheço* bem.
Do you *know* him?	Você o *conhece*?

94. *were/estavam-eram*

I wish I *were* rich.	Eu queria *ser* rico.
We *were* all tired.	*Estávamos* todos cansados.
What *were* you doing?	O que você *estava* fazendo?

95. *then/então*

I was eating lunch *then*.	Eu estava almoçando *então*.
What did you do *then?*	O que você fez *então*?
We were younger *then*.	Éramos jovens *então*.

96. *my/meu-minha*

I cannot find *my* pen.	Não consigo encontrar *minha* caneta.
Do you have *my* number?	Você tem *meu* número?
My brother is very close to me.	Meu irmão está muito perto de *mim*.

97. *first/primeiro*

I was the *first* to get reprimanded.	Eu fui o *primeiro* a ser repreendido.
Give me the *first* book on the shelf.	Dê-me o *primeiro* livro na prateleira.
He came *first* in the class.	Ele chegou em *primeiro* lugar na classe.

98.would/gostaria-queria-fazeria

She *would* like to be professional pianist.	Ela *gostaria* de ser pianista profissional.
I *would* love to visit New York.	Eu *gostaria* de visitar Nova York.
I *would* never do this.	Eu nunca *faria* isso.

99. *money/dinheiro*

Do you have enough *money* in the bag?	Você tem *dinheiro* suficiente na bolsa?
Please give me back my *money*.	Por favor, devolva meu *dinheiro*.
Where is the *money?*	Onde está o *dinheiro?*

100. *each/cada*

We love *each* one	Nós amamos *cada* um
There is one chocolate for *each* person	Há um chocolate para cada pessoa
Each person has responsabilities	*Cada* pessoa tem responsabilidades

RANKING: 101–200
The 1000 most used Portuguese words

101. over terminado	102. world mundo	103. information informação	104. map mapa	105. find encontrar
106. where onde	107. much tanto/muito	108. take tomar/tirar	109. two dois	110. want querer
111. important importante	112. family família	113. those aqueles/aquelas	114. example exemplo	115. while enquanto
116. he ele/dele	117. look olhar/procurar	118. government governo	119. before antes	120. help ajudar
121. between também	122. go ir	123. own possuir/próprio	124. however no entanto	125. business negócio
126. us nós/nos	127. great ótimo	128. his ele/dele	129. being virar/transformar	130. another um outro
131. health saúde	132. same mesmo	133. study estudar	134. why porque	135. few pouco
136. game jogo	137. might poderia	138. think pensar	139. free grátis/livre	140. too também/muito
141. had tinha	142. hi oi	143. right certo/direito	144. still ainda	145. system sistema
146. after depois	147. computer computador	148. best melhor	149. must dever	150. her ela/dela
151. life vida	152. since desde	153. could poderia	154. does faz	155. now agora
156. during durante	157. learn aprender	158. around cerca	159. usually normalmente	160. form forma
161. meat carne	162. air ar	163. dar dia	164. place lugar	165. become virar/transformar
166. number número	167. public público	168. read ler	169. keep manter	170. part parte
171.	172.	173.	174.	175.

start	year	every	field	large
começar	ano	todo	campo	grande
176.	177.	178.	179.	180.
once	available	down	give	fish
uma vez	disponível	embaixo	dar	peixe/pescar
181.	182.	183.	184.	185.
human	both	local	sure	something
humano	ambos	local	seguro	algo
186.	187.	188.	189.	190.
without	come	me	back	better
sem	vir	mim	atrás/costas	melhor
191.	192.	193.	194.	195.
geral	process	she	heat/calor-aquecer	thanks
geral	processo	ela/dela	calor	obrigada/graças
196.	197.	198.	199.	200.
specific	enough	long	lot	hand
específico	suficiente	longo	muito	mão

101. *over/terminado/por*

It is all *over*.	Está tudo *terminado*.
What is *over* there?	O que há *logo* ali?
It is all *over* for us.	Está tudo *terminado* para nós.

102. *world/mundo*

Derek has traveled all over the *world*.	Derek viajou por todo o *mundo*.
What in the *world* are you doing?	O que neste *mundo* vocês estão fazendo aqui?
The *world* does not revolve around you.	O *mundo* não gira em torno de você.

103. *information/informação*

The *information* that you gave is incorrect.	As *informações* que você forneceu estão incorretas.
Do you have *information* about your father?	Você tem *informações* sobre seu pai?

The *information* in the booklet is enough.	As *informações* no livreto são suficientes.

104. *map/mapa*

This is a road *map*.	Isto é um *mapa* das ruas.
Can you draw a *map* for me?	Você pode desenhar um *mapa* para mim?
Take a look at this *map*.	Dê uma olhada neste *mapa*.

105. *find/encontrar*

Can you *find* it?	Você consegue *encontrá*-lo?
I have to *find* it.	Eu tenho que *encontrar*.
Susan cannot *find* a job.	Susan não consegue *encontrar* um emprego.

106. *where/onde*

Where are you?	*Onde* você está?
Where is this building?	*Onde* fica esse prédio?
Where is my book?	*Onde* está o meu livro?

107. *much/muito*

There is nothing *much* you can do.	Não há *muito* que você possa fazer.
I have nothing *much* to say.	Não tenho *muito* a dizer.
There has not been *much* progress	Não houve *muito* progresso

108. *take/levar-tirar*

Do not forget to *take* your phone.	Não esqueça de *levar* o seu telefone.
Take the pens with you.	*Leve* as canetas com você

Take Jill along with you.	*Leve* Jill junto com você.

109. *two/dois*

I have *two* editions of the same book.	Eu tenho *duas* edições do mesmo livro.
Give me *two* pence, please.	Me dê *dois* centavos, por favor.
Give me *two* packs of these.	Me dê *dois* pacotes deles.

110. *want/querer*

I *want* a refund immediately.	*Eu* quero um reembolso imediatamente.
I *want* a musical instrument.	*Eu quero* um instrumento musical.
What do you *want?*	O que você *quer?*

111. *important/importante*

Is this document really *important?*	Este documento é realmente *importante?*
I have an *important* meeting tomorrow.	Eu tenho uma reunião *importante* amanhã.
It is very *important* to follow a strict diet.	É muito *importante* seguir uma dieta rigorosa.

112. *family/família*

My *family* is important to me.	Minha *família* é importante para mim.
He has left his *family.*	Ele deixou sua *família.*
Her *family* is very large.	A *família* dela é muito grande.

113. *those/aqueles-aquelas*

Those are my books.	*Aqueles* são os meus livros.

| *Those* oranges are very big. | *Aquelas* laranjas são muito grandes. |
| She looks very odd in *those* clothes. | Ela parece muito estranha com *aquelas* roupas. |

114. *example/exemplo*

This painting is an *example* of his work.	Esta pintura é um *exemplo* do seu trabalho.
Here you can find an *example*	Aqui você pode encontrar um *exemplo*
He is *example* to his younger brothers.	Ele é um *exemplo* para seus irmãos mais novos.

115. *while/enquanto*

I washed the dishes *while* you were away.	Lavei a louça *enquanto* você estava fora.
Complete the work *while* I cook.	Complete o trabalho *enquanto* cozinho.
I will have lunch *while* you come here.	Vou almoçar *enquanto* você vem aqui.

116. *he/ele-dele*

He is a man of great character.	*Ele* é um homem de um caráter ótimo.
I do not think *he* deserved this.	Eu não acho que *ele* mereceu isso.
He should be here by now.	*Ele* deveria estar aqui agora.

117. *look/ver-procurar*

Look at her face.	*Veja* a carinha dela.
The *look* on his face tells all.	O *olhar* no rosto dele diz tudo.
I need to *look* through all these.	Eu preciso *ver* tudo isso.

118. *government/governo*

The *government* is doing nothing	O *governo* não está fazendo nada
We have no control over the *government*	Não temos controle sobre o *governo*
A stable *government* requires a democracy.	Um *governo* estável requer uma democracia.

119. *before/antes*

Come home *before* nine.	Volte para casa *antes* das nove.
He reads *before* bedtime.	Ele lê *antes* de dormir.
I have not met her *before*.	Eu não a conheci *antes*.

120. *help/ajudar*

She asked for *help* in the middle of the night.	Ela pediu *ajuda* no meio da noite.
The police is there to *help* you.	A polícia está lá para *ajudá-lo*.
I was able to *help* him.	Eu fui capaz de *ajudá-lo*.

121. *between/entre*

One must read *between* the lines.	É preciso ler nas *entrelinhas*.
I was sitting *between* Jack and Tom.	Eu estava sentado *entre* Jack e Tom.
The doctor advised to eat *between* meals.	O médico aconselhou comer *entre* as refeições.

122. *go/ir*

Where did you *go?*	Onde você *foi?*
Please *go* to your room.	Por favor, *vá* para o seu quarto.
I have nowhere to *go.*	Não tenho para onde *ir.*

123. *own/possuir-próprio*

Jim has his *own* room.	Jim tem seu *próprio* quarto.
I have a house of my *own*.	Eu tenho uma casa *própria*.
He is afraid of his *own* shadow.	Ele tem medo da *própria* sombra.

124. *however/no entanto*

Tim has money *however* he is not happy.	Tim tem dinheiro, *no entanto*, ele não está feliz.
However, he was afraid of dogs.	*No entanto,* ele tinha medo de cães.
However, I want to come tomorrow	*No entanto,* eu quero vir amanhã

125. *business/negócios*

His *business* is doing rather well.	O *negócio* dele está indo muito bem.
This is none of your *business*.	Isto não a *negócio* seu.
What is the nature of your *business?*	Qual é a natureza do seu *negócio?*

126. *us/nós-nos*

Come with *us*.	Venha *conosco*.
Come and help *us*.	Venha e *nos ajude*.
Stay here with *us*.	Fique aqui *conosco*.

127. *great/ótimo-grande*

Roosevelt was a *great* leader.	Roosevelt foi um *ótimo* líder.
He is a *great* statesman.	Ele é um *grande* estadista.
Monaco is a *great* place for the retirees.	Mônaco é um *ótimo* lugar para os aposentados.

128. *his/ele-dele*

Where are *his* books?	Onde estão os livros *dele*?
His wallet is missing from the drawer.	*A carteira dele* está desaparecida na gaveta.
May I have *his* cellphone?	Posso pegar o celular *dele*?

129. *being/ser*

I am *being* patient.	Eu estou *sendo* paciente.
She accused me of *being* a thief.	Ela me acusou de *ser* um ladrão.
The teacher scolded him for *being* lazy	O professor o repreendeu por *ser* preguiçoso

130. *another/um outro*

Give me *another* piece of cake.	Me dê *um outro* pedaço de bolo.
I need *another* shirt.	Eu preciso de *uma outra* camisa.
Show me *another* bag.	Mostre-me *uma outra* bolsa.

131. *health/saúde*

Her *health* is fast deteriorating.	A *saúde* dela se deteriora rapidamente.
You need to be in good *health* for this.	Você precisa estar com boa *saúde* para isso.
Take care of your *health*.	Cuide da sua *saúde*.

132. *same/mesmo*

The dresses look very *same*.	Os vestidos parecem os *mesmos*.
I would like to order the *same*.	Eu gostaria de pedir o *mesmo*.
He always says the *same* thing.	Ele sempre diz a *mesma coisa*.

133. *study/estudar*

Please *study* hard before for the exams.	Por favor, *estude* bastante antes para os exames.
Study hard but play regularly.	*Estude* muito mas diverta-se regularmente.
You need to *study* a lot.	Você precisa *estudar* muito.

134. *why/por que*

Why did you do this?	*Por que* você fez isso?
Why did you destroy these files?	*Por que* você destruiu esses arquivos?
Why did you not marry?	*Por que* você não se casou?

135. *few/pouco-pouca*

Few people think so.	*Poucas* pessoas pensam assim.
They have *few* books.	Eles têm *poucos* livros.
Please buy a *few* apples.	Por favor, compre *algumas* maçãs.

136. *game/jogo*

The *game* is a real best-seller.	O *jogo* é um verdadeiro best-seller.
Can I borrow this *game?*	Posso emprestar este *jogo*?
The *game* needs to be tweaked	O *jogo* precisa ser ajustado

137. *might/poder*

I *might* go there with her.	*Eu* poderia ir lá com ela.
He *might* not be happy.	Ele *pode* não estar feliz.
A knife *might* come in handy.	Uma faca *pode* ser útil.

138. *think/pensar-achar*

I *think* the weather is clear.	*Eu acho* que o tempo está limpo.
I do not *think* she is here.	Eu não *acho* que ela está aqui.
Think before you say anything.	*Pense* antes de dizer qualquer coisa.

139. *free/grátis-livre*

The drinks come *free* with your order.	As bebidas veem *grátis* com o seu pedido.
Can I have this for *free?*	Posso ter isso *grátis*?
Today there are *free* items in the store	Hoje existem itens *grátis* na loja

140. *too/também-demais-muito*

I ate *too* much.	Comi *demais.*
It is *too* large.	É *muito* grande.
This is *too* bad.	Isso é *muito* ruim.

141. *had/tinha-teve*

She *had* her dinner already.	Ela já *jantou.*
The boy *had* measles.	O garoto *teve* sarampo.
I have *had* enough.	Eu já *tive* o suficiente.

142. *hi/oi*

Hi, I am Jill.	*Oi,* eu sou Jill.
The boy said *hi* to the girl.	O garoto disse *oi* para a garota.
Hi. How was your day?	*Oi.* Como foi o seu dia?

143. *right/certo-direito*

She is always *right*.	Ela está sempre *certa*.
Use your *right* hand to do the job.	Use a mão *direita* para fazer o trabalho.
Jim is the *right* man for the job.	Jim é o homem *certo* para o serviço.

144. *still/ainda*

I am *still* in love with her.	*Eu* ainda estou apaixonado por ela.
He is *still* here.	Ele *ainda* está aqui.
My hands *still* hurt.	Minhas mãos *ainda* doem.

145. *system/sistema*

The *system* has totally malfunctioned.	O *sistema* está totalmente com defeito.
This is a very unique ticketing *system*.	Este é um *sistema* de emissão de bilhetes muito exclusivo.
My *system* is totally fool-proof.	Meu *sistema* é totalmente à prova de idiotas.

146. *after/depois-atrás*

The police is *after* the crook.	A polícia está *atrás* do bandido.
Please come *after* me.	Por favor, venha *atrás* de mim.
I will eat *after* the show gets over.	Vou comer *depois* que o show terminar.

147. *computer/computador*

Do you have a *computer* at home?	Você tem um *computador* em casa?
My *computer* is not working.	Meu *computador* não está funcionando.
The *computer* has changed lives.	O *computador* mudou vidas.

148. *best/melhor*

These are his *best* works	Estes são seus *melhores* trabalhos
Who is the *best* soccer player here?	Quem é o *melhor* jogador de futebol aqui?
He is the *best* in his field	Ele é o *melhor* em seu campo

149. *must/dever*

She *must* sleep right away.	Ela *deve* dormir imediatamente.
He *must* go.	Ele *deve* ir.
You *must* not fail in this subject.	Você não *deve* falhar neste assunto.

150. *her/ela-dela*

Her looks are very deceptive.	*A aparência* dela é muito enganadora.
Can I have *her* book?	Posso ter o livro *dela*?
You must give *her* some chocolates.	*Você deve dar a* ela alguns chocolates.

151. life/vida

Her *life* is very important to me.	A *vida* dela é muito importante para mim.
I will give my *life* for my nation.	Eu darei minha *vida* pela minha nação.
I have never won a lottery in my *life*.	Eu nunca ganhei uma loteria na minha *vida*.

152. *since/desde*

Since he is old, he walks slowly.	*Desde* que ele é velho, ele anda devagar.
It has been raining *since* Sunday.	Está chovendo *desde* domingo.
We have been friends ever *since*.	Nós somos amigos *desde* então.

153. could/poderia

Could we have a spoon?	Nós *poderíamos* pegar uma colher?
Could we have a fork?	Nós *poderíamos* pegar um garfo?
He *could* speak French.	Ele *poderia* falar francês.

154. does/fez

What *does* she have?	O que ela *tem*?
Does your dog bite?	Teu cão *morde*?
Where *does* it hurt?	Onde *dói*?

155. now/agora

I am busy *now*.	Estou amarrado *agora*.
She is out *now*.	Ela está fora *agora*.
I am tied up *now*.	Estou amarrado *agora*.

156. during/durante

We live in England *during* summer.	Vivemos na Inglaterra *durante* o verão.
I had a good time *during* Christmas.	Eu me diverti bastante *durante* o Natal.
He sleeps *during* the day.	Ele dorme *durante* o dia.

157. learn/aprender

He began to *learn* English.	Ele começou a *aprender* inglês.
I want to *learn* how to swim.	Eu quero *aprender* a nadar.
It is never too late to *learn*.	Nunca é tarde para *aprender*.

158. *around/cerca-ao redor*

He turned *around.*	Ele se virou *ao redor.*
She looked *around.*	Ela olhou *ao redor.*
They walked *around.*	Eles andaram *ao redor.*

159. *usually/normalmente*

Usually I am not this late.	*Normalmente* não estou tão atrasado.
It rains *usually* in the afternoon.	*Chove normalmente* à tarde.
Cats *usually* hate dogs.	Gatos *normalmente* odeiam cachorros.

160. *form/forma*

The caer's *form* is nice	A *forma* do carro é boa
The player is totally out of *form*	O jogador está totalmente fora de *forma*
His lack of *form* is a major worry	Sua falta de *forma* é uma grande preocupação

161. *meat/carne*

The *meat* tastes salty	A *carne* tem gosto salgado
The *meat* is very juicy	A *carne* é muito suculenta
The *meat* is very tender.	A *carne* é muito macia.

162. *air/ar*

Inhale clean *air*	Inspire o *ar* puro
The *air* is dusty	O *ar* está empoeirado
The *air* is polluted.	O *ar* está poluído.

163. *day/dia*

What time of the *day* is it?	Que hora do *dia* é?
It is a nice *day*.	Está um *dia bonito*.
Run every *day*.	Corra todos os *dias*.

164. *place/lugar*

I will come to your *place*.	Eu irei ao seu *lugar*.
You are in safe *place*.	Você está em um *lugar* seguro.
She brought him to our *place*.	Ela o trouxe para o nosso *lugar*.

165. *become /virar-transformar*

Tadpoles *become* frogs.	Girinos *viram* sapos.
It has *become* much warmer.	*Tornou-se* muito mais quente.
He wishes to *become* a doctor.	Ele deseja *virar* um médico.

166. *number/número*

Ten is an even *number*.	Dez é um *número* par.
I forgot his phone *number*.	Eu esqueci o *número* do telefone dele.
Give me your cell *number*.	Me dê seu *número* de celular.

167. *public/público*

The *public* memory is very short.	A memória *pública* é muito curta.
Listen to the voice of the *public*.	Ouça a voz do *público*.
The *public* reaction is very strong.	A reação do *público* é muito forte.

168. *read/ler*

I always *read* from start to finish.	Eu sempre *leio* do começo ao fim.
Do you *read* a book every week?	Você *lê* um livro toda semana?
Do you *read* newspapers?	Você *lê* jornais?

169. *keep/manter*

I wish to *keep* this a secret.	Desejo *manter* isso em segredo.
Keep the jewels in safe custody.	*Mantenha* as jóias em custódia segura.
You must *keep* the documents safely.	Você deve *manter* os documentos com segurança.

170. *part/parte*

This *part* is totally hidden.	Esta *parte* está totalmente oculta.
There is another *part* of this novel.	Há uma outra *parte* deste romance.
Enjoy his *part* in the play.	Aproveite o seu *papel* na peça.

171. *start/começar*

Start your day on a cheerful note.	*Comece* o seu dia com uma nota alegre.
Start the engine of the car.	*Inicie* o motor do carro.
Press the *start* button.	Prima o botão *iniciar*.

172. *year/ano*

This *year* is very different.	Este *ano* é muito diferente.
He is in second *year* of college.	Ele está no segundo *ano* da faculdade.
I retired last *year*.	Eu me aposentei no *ano* passado.

173. every/cada-todo

I go *every* year.	Eu vou *todos* os anos.
Tim runs *every* day.	Tim corre *todos* os dias.
Study English *every* day.	Estude inglês *todos* os dias.

174. field/campo

The playing *field* is very huge.	O *campo* de jogo é muito grande.
The *field* has not been properly maintained.	O *campo* não foi mantido corretamente.
Come to the *field* everyday.	Venha para o *campo* todos os dias.

175. large/grande

It is *too large*.	É muito *grande*.
We had a *large* audience.	Tivemos um público *grande*.
He lives in a *large* house.	Ele mora em uma casa *grande*.

176. once/uma vez

You must go at *once*.	Você precisa ir de *uma vez*.
I *once* lived in London.	*Uma vez* eu morei em Londres.
I feed my cat *once* a day.	Eu alimento meu gato *uma vez* por dia.

177. available/disponível

The book is now *available*.	O livro está *disponível agora*.
The DVD is *available* across all stores.	O DVD está *disponível* em todas as lojas.
Make this book *available* to the students	*Disponibilize* este livro para os alunos

178. *down/abaixo-cair*

She went *down*.	Ela caiu.
Do not let him go *down*.	Não o deixe ficar para baixo.
The tree is *down*.	A árvore está *caída*.

179. *give/dar*

I *give* up.	Eu *desisto*.
Do not *give* it to her.	Não *dê* a ela.
I *give* you my word.	*Dou*-lhe minha palavra.

180. *fish/peixe-pescar*

Fish keeping is a very popular hobby.	A criação de *peixes* é um hobby muito popular.
He can swim like a *fish*.	Ele sabe nadar como um *peixe*.
My father caught a big *fish*.	Meu pai pegou um *peixe grande*.

181. *human/humano*

This is not at all a *human* act.	Este não é um ato *humano*.
Only a few *humans* could understand this	Apenas alguns *humanos* podiam entender isso
How can a *human* be so cruel?	Como um *humano* pode ser tão cruel?

182. *both/ambos*

You need to call *both* of them.	Você precisa ligar para *ambos*.
I gave you two pens. Do you have *both*?	Eu te dei duas canetas. Você tem *ambas*?

Both of us knew the answer.	*Ambos* sabíamos a resposta.

183. *local/local*

You should ask the *local* boy for instructions	Você deve pedir ao garoto *local* por instruções
The *local* language has a lot of dialects.	O idioma *local* possui muitos dialetos.
I need to learn the *local* language.	Eu preciso aprender o idioma *local.*

184. *sure/certeza*

It will rain for *sure.*	Choverá com *certeza.*
Are you *sure* of your answer?	Você tem *certeza* da sua resposta?
I am not *sure* when he will come.	Não tenho *certeza* de quando ele virá.

185. *something/algo*

I should give her *something.*	Eu deveria lhe dar *algo.*
Please give her *something* to eat.	Por favor, dê-lhe *algo* para comer.
There is *something* I need to tell you.	Há *algo* que preciso lhe dizer.

186. *without/sem*

I cannot live *without* you.	Eu não consigo ficar *sem* você.
You cannot live *without* water.	Você não pode viver *sem* água.
I learnt to live *without* her.	Eu aprendi a viver *sem* ela.

187. *come/vir*

I will not *come* tomorrow.	Eu não *voltarei* amanhã.

He is expected to *come* today.	Ele deve *vir* hoje.
I cannot *come* to the stadium.	Eu não posso *vir* ao estádio.

188. *me/me-mim*

Would you let *me* pay?	*Você me* deixaria pagar?
Do you hear *me?*	Você está *me* escutando?
She knows *me.*	Ela *me* conhece.

189. *back/voltar-costas*

I will be *back* in 2 days.	*Eu* volto em 2 dias.
When will you get *back?*	Quando você vai *voltar?*
Please come *back* home soon.	Por favor *volte* em breve.

190. *better/melhor*

You will feel *better.*	Você vai se sentir *melhor.*
Tim is getting *better.*	Tim está *melhorando.*
Better late than never.	*Melhor* tarde do que nunca.

191. *general/geral*

The *general* opinion is goog	A opinião *geral* é boa
What is the *general* condition of your health?	Qual é o estado *geral* da sua saúde?
The king, in *general,* loves all,	O rei, em *geral*, ama tudo.

192. *process/processo*

The *process* of getting the passport is simple	O *processo* de obtenção do passaporte é

	simples
Understand the *process* before moving on	Entenda o *processo* antes de prosseguir
Take care of the *process* before applying.	Cuide do *processo* antes de aplicar.

193. *she/ela*

She is a bit touchy on this subject.	*Ela* é um pouco sensível sobre esse assunto.
She is very beautiful.	*Ela* é muito bonita
I do not think *she* knows about it.	Eu não acho que *ela* sabe disso.

194. *heat/calor-aquecer*

Please *heat* up the dishes.	Por favor, *aqueça* os pratos.
Can you feel the *heat?*	Você pode sentir o *calor?*
The *heat* is unbearable.	O *calor* é insuportável.

195. *thanks/obrigada-graças*

Thanks for all the birthday wishes.	*Obrigado* por todos os desejos de aniversário.
There is no need to say *Thanks* repeatedly.	Não há necessidade de dizer *obrigado* repetidamente.
Thanks for waiting	*Obrigado* por esperar.

196. *specific/específico*

Please be more *specific* on this.	Por favor, seja mais *específico sobre isso.*
I need *specific* details about him.	Eu preciso de detalhes *específicos* sobre ele.
The information is not very *specific.*	A informação não é muito *específica.*

197. enough/suficiente

I have had *enough* of this.	Eu já tive o *suficiente* disso.
I think I had eaten *enough*.	Eu acho que já comi o *suficiente*.
Do you have *enough* money in your account?	Você tem dinheiro *suficiente* na sua conta?

198. long/longo

The boy has *long* legs.	O garoto tem pernas *longas*.
It is a *long* story.	Esta é uma história *longa*.
Her hair is very *long*.	Ela tem cabelo *longo*.

199. lot/muito

I have a *lot* of information on this.	Eu tenho *muita* informação sobre isso.
This chapter requires a *lot* of attention.	Este capítulo requer *muita* atenção.
A *lot* of crops were sold already.	*Muitas* culturas já foram vendidas.

200. hand/mão

The dog bit my *hand*.	O cachorro mordeu a minha *mão*.
He hurt his right *hand*.	Ele machucou a *mão* direita.
The cat scratched her left *hand*.	O gato coçou a *mão* esquerda.

RANKING: 201–300
The 1000 most used Portuguese words

201. popular popular	202. small pequeno	203. though embora	204. experience experiência	205. include incluir
206. job trabalho	207. music música	208. person pessoa	209. really realmente	210. although embora
211. thank obrigada/graças	212. book livro	213. early cedo	214. reading leitura	215. end final
216. method método	217. never nunca	218. less menos	219. play jogar-tocar-brincar	220. able capaz
221. data dados	222. feel sentir	223. high alto	224. off apagar/fora/desligar	225. point ponto
226. type tipo	227. whether se	228. food comida	229. understanding compreensão-entendimiento	230. here aqui
231. home casa	232. certain certo-verdade	233. economy economia	234. little pequeno	235. theory teoria
236. tonight noite	237. law lei	238. put colocar	239. under embaixo	240. value valor
241. always sempre	242. body corpo	243. common comum	244. market mercado	245. set feito-conjunto
246. bird pássaro	247. guide guiar	248. provide proporcionar	249. change mudar	250. interest juros, interesse
251. literature literatura	252. sometimes Ás vezes	253. problem problema	254. say dizer	255. next próximo
256. create criar	257. simples simples	258. software software	259. state estado	260. together juntos
261. controlar controlar	262. knowledge conhecimento	263. power poder	264. rádio rádio	265. ability habilidade
266.	267.	268.	269.	270.

basic	course	economics	hard	add
básico	curso	economia	duro	adicionar
271.	272.	273.	274.	275.
company	known	love	past	price
companhia	conhecido	amor	passado	preço
276.	277.	278.	279.	280.
size	away	big	internet	possible
tamanho	fora	grande	internet	possível
281.	282.	283.	284.	285.
television	three	understand	various	yourself
televisão	três	entender	vários	você mesmo
286.	287.	288.	289.	290.
card	difficult/difícil	including	list	mind
cartão	difícil	incluindo	lista	mente
291.	292.	293.	294.	295.
particular	real	science	trade	consider
particular	real	ciência	trato-negócio	considerar
296.	297.	298.	299.	300.
either	library	likely	nature	fact
também	biblioteca	provavelmente	natureza	fato

201. *popular/popular*

Young generation like *popular* music.	Geração jovem gosta de música *popular.*
Jim is very *popular.*	Jim é muito *popular.*
Why are you so *popular?*	Por que você é tão *popular?*

202. *small/pequeno*

Her head is *small.*	A cabeça dela é *pequena.*
I only ate a *small* portion.	Eu comi apenas uma porção *pequena.*
I have a *small* appetite.	Eu tenho um apetite *pequeno.*

203. *though/embora*

| Even *though* he's very old, he's healthy. | *Embora* seja muito velho, ele tem saúde. |
| She kept working even *though* she was tired. | Ela continuou trabalhando, *embora* estivesse |

	cansada.
She listens even *though* no one else does.	Ela o escuta *embora* ninguém mais o faça.

204. *experience/experiência*

I have *experience* in these matters.	Eu tenho *experiência* nesses assuntos.
Do you have *experience* in this industry?	Você tem *experiência* nesta indústria?
What does you *experience* tell you?	O que a sua *experiência* te diz?

205. *include/incluir*

Please *include* your name here.	Por favor *inclua* seu nome aqui.
The food is not *included* in the list.	A comida não está *incluída* na lista.
I did not *include* Tom's name in the squad.	Não *incluí* o nome de Tom no esquadrão.

206. *job/trabalho*

The *job* is very boring.	O *trabalho* é muito chato.
Did I get the *job*?	Eu consegui o *trabalho*?
I am engaged in a dull *job*.	Estou envolvido em um *trabalho* chato.

207. *music/música*

I love *soft* music.	Eu amo *música* suave.
Loud *music* is not good for ears.	*Música* alta não é boa para os ouvidos.
Turn off the music immediately.	Desligue a *música* imediatamente.

208. *person/pessoa*

Ask him to come in *person*.	Peça para ele vir em *pessoa*.

| That *person* looks suspicious. | Essa *pessoa* parece desconfiada. |
| Have you ever met him in *person?* | Você já o conheceu em *pessoa?* |

209. *really/realmente*

I am *really* tired.	Estou *realmente* cansado.
I *really* like you.	*Eu realmente* gosto de você.
This is *really* sad.	Isso é *realmente* triste.

210. *although/embora*

I will be there *although* I may be late.	Estarei lá, *embora* possa me atrasar.
Although Tom is sick, he went to school	*Embora* Tom esteja doente, ele foi para a escola
Although it snowed, the traffic was normal.	*Embora* nevasse, o tráfego estava normal.

211. *thank/agradecer*

I *thank* God for this.	*Agradeço* a Deus por este encontro.
Thank your stars that you are OK.	*Agradeça* às suas estrelas que você está bem.
You need to *thank* your teacher.	Você precisa *agradecer* ao seu professor.

212. *book/livro*

The *book* is very interesting.	O *livro* é muito interessante.
This *book* needs to be returned today.	Este *livro* precisa ser devolvido hoje.
I have lost your *book.*	Eu perdi seu *livro.*

213. *early/cedo*

Go home *early*.	Volto para casa *cedo*.
I need to work *early*.	Eu preciso trabalhar *cedo*.
You are an *early* bird	Você é um *madrugador*

214. *reading/leitura*

I have been *reading* this book	Eu tenho *lido* este livro
Are you *reading* the newspapers?	Você está *lendo* os jornais?
My teacher is *reading* the answers.	Meu professor está *lendo* as respostas.

215. *end/final*

The *end* is near.	O *fim* está próximo.
The *end* of the movie was really good.	O *final* do filme foi muito bom.
Can you see the *end* of this road?	Você pode ver o *fim* desta estrada?

216. *method/método*

What *method* are you using for this?	Que *método* você está usando para isso?
You need to re-check your *methods*.	Você precisa verificar novamente seus *métodos*.
Please follow this *method* properly.	Por favor, siga este *método* corretamente.

217. *never/nunca*

I will *never* do this.	*Nunca* farei isso.
He could *never* do this.	*Nunca* poderia fazer isso.
Tom has *never* heard of these things.	Tom *nunca* ouviu falar dessas coisas.

218. *less/menos*

I finished the work in *less* than an hour.	Terminei o trabalho em *menos* de uma hora.
Tom has *less* money than his brother does.	Tom tem *menos* dinheiro que seu irmão.
You'll get there in *less* than ten minutes.	Você chegará lá em *menos* de dez minutos.

219. *play/jogar-tocar-brincar*

Play it cool.	*Fique* tranquilo.
I *play* the piano.	Eu *toco* piano.
I *can* play tennis	Eu consigo *jogar* tênis.

220. *able/poder-conseguir*

I am *able* to run.	Eu *posso* correr.
He is *able* to ski.	Ele *consegue* esquiar.
She is *able* to swim.	Ela *consegue* nadar.

221. *data/dados*

The *data* needs to be secured.	Os *dados* precisam ser protegidos.
Do you have any *data* on these phones?	Você tem *dados* sobre esses telefones?
I am not good at *data* crunching.	Eu não sou bom em processamento de *dados.*

222. *feel/sentir*

I *feel* fine.	Eu me *sinto* bem.
I *feel* happy.	Me *sinto* feliz.
I *feel* alive.	Me *sinto* viva.

223. *high/alto*

She can jump *high*.	Ela consegue pular *alto*.
The waves are *high*.	As ondas estão *altas*.
I have a *high* fever.	Estou com febre *alta*

224. *off/apagar-fora-desligar*

You should go *off*.	Você deveria *sair*.
The house is *off* limits	A casa está *fora* dos limites
Turn *off* the TV.	*Desligue* a televisão.

225. *point/ponto*

She's got a *point* of view	Ela tem um *ponto* de vista
You have a *point* there.	Você tem um *ponto* lá.
I don't see your *point*.	Eu não entendo o seu *ponto*.

226. *type/tipo*

He is not my *type*.	Ele não é meu *tipo*.
This is my *type* of things	Este é o meu *tipo* de coisa
What is your blood group *type*?	Qual é o seu *tipo* sanguíneo?

227. *whether/se*

I am doubtful *whether* he will come.	Duvido *se* ele virá.
I don't know *whether* you like her or not.	Não sei *se* você gosta ou não dela.
Do you know *whether* she can speak?	Você sabe *se* ela fala?

228. *food/comida*

The *food* is cold	A *comida* está fria

We ran out of *food*	Ficamos sem *comida.*
I love Italian *food.*	Eu adoro *comida* italiana.

229. *understanding/compreensão-entendimento*

His *understanding* is very poor	Seu *entendimento* é muito ruim
There is no *understanding* between them	Não há *entendimento* entre eles
Jill has no *understanding* with his sister	Jill não tem *entendimento* com sua irmã

230. *here/aqui*

Here we go	*Aqui* vamos nós.
I eat *here.*	Eu como *aqui.*
It hurts *here.*	Dói *aqui.*

231. *home/casa*

I was at *home*	Eu estava em *casa.*
May I go *home*?	Posso ir para *casa*?
She went *home.*	Ela foi para *casa.*

232. *certain/certeza*

I am not *certain* about that.	Não tenho *certeza* disso.
Are you quite *certain* about it?	Você tem *certeza* disso?
I don't know for *certain* when he will come.	Eu não tenho *certeza* de quando ele virá.

233. *economy/economia*

The *economy* of the country is in bad shape.	A *economia* do país está em má forma.

| Please understand the *economy* | Por favor, entenda a *economia* |
| No *economy* is better than ours. | Nenhuma *economia* é melhor que a nossa. |

234. *little/pequeno-pouco*

I have a *little* sister.	Eu tenho uma irmã *pequena*.
I know *little* about this.	Eu sei *pouco* sobre isso.
She knows very *little* about this.	Ela sabe muito *pouco* sobre isso.

235. *theory/teoria*

The *theory* section is very easy.	A seção de *teoria* é muito fácil.
Do you have a good *theory* on this?	Você tem uma boa *teoria* sobre isso?
The Big Bang *Theory* is a hot topic now.	A *Teoria* do Big Bang é um tópico quente agora.

236. *tonight/a noite*

I will call him *tonight*.	Vou ligar para ele hoje *à noite*.
I will go to the match *tonight*.	Eu irei à partida hoje *à noite*.
Please do not study *tonight*.	Por favor, não estude *a noite*.

237. *law/lei*

The *law* is very strict in this country.	A *lei* é muito rigorosa neste país.
You are bound to respect the *law*.	Você é obrigado a respeitar a *lei*.
The *law* will follow you wherever you go	A *lei* irá segui-lo onde quer que você vá

238. *put/colocar*

Put the book on the table	Coloque o livro na mesa
Please put the hand in your pocket	Por favor, coloque2 a mão no seu bolso
Jill, put the books on the shelf	Jill, coloque os livros na prateleira

239. under/abaixo-sob

Am I under arrest?	Estou sob prisão?
I hid under the table.	Me escondi abaixo da mesa.
Tom hid under the table.	Tom se escondeu abaixo da mesa.

240. value/valor

The value of gold has increased.	O valor do ouro aumentou.
What is the value of these ornaments?	Qual é o valor desses ornamentos?
I do not value these sentiments at all.	Eu não valorizo esses sentimentos.

241. always/sempre

He is always with me	Ele está sempre comigo.
You're always singing.	Você está sempre cantando.
Let's always be friends.	Vamos sempre ser amigos.

242. body/corpo

My whole body is sore.	Meu corpo2 todo está dolorido.
I have pains all over my body.	Eu tenho dores por todo o meu corpo.
The body.of a mother is warm	O corpo de uma mãe é quente

243. common/comum

The dress is very *common*.	O vestido é muito *comum*.
What is *common* in these pictures?	O que é *comum* nessas fotos?
Do they have anything in *common*?	Eles têm algo em *comum*?

244. *market/mercado*

She went to the *market* to buy vegetables.	Ela foi ao *mercado* comprar legumes.
Karen bought a lot of things	Karen comprou muitas coisas
The *market* in Singapore is huge	O *mercado* em Cingapura é enorme

245. *set/conjunto-definir*

Mary *set* the basket on the table.	Mary *colocou* a cesta na mesa.
He *set* the standards.	Ele definiu os padrões.
The prisoners were *set* free.	Os prisioneiros foram *libertados*.

246. *bird/pássaro*

This *bird* can't fly.	Este *pássaro não pode voar*.
I see a *bird* on the roof.	Estou vendo um *pássaro* no telhado.
I threw a stone at the *bird*.	Atirei uma pedra no *pássaro*.

247. *guide/guia*

The *guide* was very honest.	O *guia* foi muito honesto.
I need a good *guide* to travel	Eu preciso de um bom *guia* para viajar
The boy acted as a *guide* to the tourists.	O menino agiu como um *guia* para os turistas.

248. *provide/proporcionar-fornecer*

Please *provide* some food.	Por favor, *proporcione* comida.
Can you *provide* a bill?	Você pode *fornecer* uma conta?
Please *provide* a towel today.	Por favor, *forneça* uma toalha hoje.

249. *change/mudar*

Don't *change* the subject.	Não *mude* de assunto.
Fashions *change* quickly.	A moda *muda* rapidamente.
I *change* my mind a lot.	*Eu mudo* muito de ideia.

250. *interest/interesse-juros*

What would be the total *interest* on loan?	Qual seria o total de *juros* do empréstimo?
I do not have any *interest* in these matters.	Não tenho nenhum *interesse* nesses assuntos.
Please show some *interest* in the matter.	Por favor, mostre algum *interesse* no assunto.

251. *literature/literatura*

She does not like English *literature*.	Ela não gosta de *literatura* inglesa.
Do you like the russian *literature*	Você gosta da literatura russa?
You must score high in *literature*.	Você deve ter notas boas na *literatura*.

252. *sometimes/as vezes*

We *sometimes* see them.	*Às vezes* os vemos.
We *sometimes* meet them.	*Nós ás vezes* os encontramos.
Dreams *sometimes* come true.	*Sonhos às vezes* se tornam realidade.

253. *problem/problema*

One million people have this *problem*.	Um milhão de pessoas tem esse *problema*.
Acne is a *problem* for young people.	A acne é um *problema* para os jovens.
He has a *problem* of huge proportions.	Ele tem um *problema* de proporções enormes.

254. *say/dizer*

He will not *say* yes.	Ele não *dirá* que sim.
What did you *say*?	O que você *disse*?
What did she *say*?	O que ela *disse*?

255. *next/próximo*

She sat *next* to me.	Ela se sentou *próxima* a mim.
Check back *next* week	Verifique de novo na *próxima* semana.
May I sit *next* to you?	Posso sentar *próximo* a você?

256. *create/criar*

I need to *create* a proper wordsheet.	Preciso *criar* uma planilha adequada.
Can you *create* a sandcastle?	Você pode *criar* um castelo de areia?
I must *create* a presentation	Preciso *criar* uma apresentação rapidamente

257. *simple/simples*

The girl looks very *simple*.	A menina parece muito *simples*.
I have very *simple* aspirations in life.	Tenho aspirações muito *simples* na vida.
This questions are very *simple*.	Essas perguntas são muito *simples*.

258. *software/software*

Does your laptop have the latest *software?*	O seu laptop possui o *software* mais recente?
I need an updated version of the *software*	Preciso de uma versão atualizada do *software*
Can I borrow this *software?*	Posso emprestar este *software?*

259. *state/estado*

The *state* of affairs is in total disarray.	O *estado* das coisas está em total desordem.
I have a fragile *state* of mind.	Eu tenho um *estado* de espírito frágil.
¿Which *state* do you come from?	De que *estado* você é?

260. *together/juntos-juntar*

Get your things *together.*	*Junte* suas coisas.
Let's get *together* tomorrow	Vamos nos *juntar* amanhã.
They agreed to work *together.*	Eles concordaram em trabalhar *juntos.*

261. *control/controle-controlar*

Nobody can control us.	Ninguém pode nos *controlar.*
Tom couldn't *control* his anger.	Tom não conseguiu *controlar* sua raiva.
I wish I could *control* my appetite.	Eu gostaria de poder *controlar* meu apetite.

262. *knowledge/conhecimento*

My *knowledge* in this field is very limited.	Meu *conhecimento* neste campo é muito limitado.
Do you have any *knowledge* about this?	Você tem algum *conhecimento* sobre isso?

| You have good general *knowledge.* | Você tem um bom *conhecimento* geral. |

263. *power/poder-energia*

The storm caused a *power* outage.	A tempestade causou uma queda de *energia.*
What will happen if there's *power* failure?	O que acontecerá se houver falta de *energia?*
I need will *power* to loose weight	Eu preciso de *força* para perder peso

264. *radio/rádio*

Did you hear the news on the *radio?*	Você ouviu as notícias no *rádio?*
Turn off the *radio*, please.	Desligue o *rádio*, por favor.
I'm listening to the *radio.*	Estou ouvindo *rádio.*

265. *ability/habilidade*

He has the *ability* to make a good plan.	Ele tem a *habilidade* de fazer um bom plano.
Do you have the required *ability?*	Você tem a *habilidade* necessária?
I have very limited *ability.*	Eu tenho uma *habilidade* muito limitada.

266. *basic/básico*

Please advise the *basic* details	Por favor, informe os detalhes *básicos*
The features of the phone are very *basic.*	Os recursos do telefone são muito *básicos.*
Do you have any *basic* idea about this?	Você tem alguma idéia *básica* sobre isso?

267. *course/curso*

| After the *course* she can speak English. | Após o *curso*, ela consegue falar inglês. |
| You need a *course* to learn golf | Você precisa de um *curso* para aprender |

	golfe
The *course* is 5 days long	O *curso* dura 5 dias

268. *economics/econômicos*

She had no idea about *economics* matters.	Ela não tinha idéia sobre assuntos *econômicos*.
The boy failed in *economics*.	O garoto não passou em *economia*.
You need to understand first the *economics*	Você precisa entender primeiro a *economia*

269. *hard/duro-muito*

He tries *hard*.	Ele tentou *muito*.
She worked *hard*.	Ela trabalhou *muito*.
She hit him *hard*.	Ela bateu *forte nele*.

270. *add/adicionar-somar*

You need to *add* up all these.	Você precisa *somar* tudo isso.
Please *add* up the total bills.	Por favor, *adicione* o total de contas.
How much did you *add* here?	Quanto você *adicionou* aqui?

271. *company/companhia*

She quit the *company*.	Ela deixou a *companhia*.
Charge this to my *company*.	Carregue isso na minha *companhia*.
That *company* went bankrupt.	Essa *companhia* faliu.

272. *known/conhecido*

He is *known* to everyone.	Ele é *conhecido* por todos.
I have *known* him a long time.	Eu o *conheço* há muito tempo.
She's well *known* as a singer.	Ela é *conhecida* como cantora.

273. *love/amar*

We *love* each other.	Nós nos *amamos.*
He used to *love* her.	Ele a *amava.*
I like *love* stories.	Eu gosto de histórias de *amor.*

274. *past /passado*

Don't worry about the *past.*	Não se preocupe com o *passado.*
I don't care about your *past.*	Não ligo para o seu *passado.*
It's almost half *past* eleven.	São quase onze e meia.

275. *price/preço*

The *price* of eggs is going up.	O *preço* dos ovos está subindo.
Does that *price* include tax?	Esse *preço* inclui impostos?
They agreed on a *price.*	Eles concordaram com o *preço.*

276. *size/tamanho*

He is about my *size.*	Ele é mais ou menos do meu *tamanho.*
Do you have jeans in my *size*?	Você tem jeans no meu *tamanho?*
My size is much bigger	Meu *tamanho* é bem maior

277. *away/fora*

I was crying while you were *away*.	Eu estava chorando enquanto você estava *fora*.
Send Jim *away*.	Mande Jim *embora*.
He is *away* on business.	Ele está *fora* a negócios.

278. *big/grande*

The house is very *big*.	A casa é muito *grande*.
He has three *big* dogs.	Ele tem três cachorros *grandes*.
I have three *big* beds in my home.	Eu tenho três camas *grandes* na minha casa.

279. *internet/internet*

The *internet* is not working properly.	A *internet* não funciona adequadamente.
The *internet* speed is not good at all.	A velocidade da *internet* não é boa.
Do you have *internet* at home?	Você tem *internet* em casa?

280. *possible/possível*

She is asking how that is *possible*.	Ela está perguntando como isso é *possível*.
All of us want to live as long as *possible*.	Todos nós queremos viver o maior tempo *possível*.
I will talk to him, if *possible*.	Eu vou falar com ele, se *possível*.

281. *television/televisão*

The *television* set is working properly.	A *televisão* está funcionando corretamente.
Please switch on the *television*.	Por favor ligue a *televisão*.
The *television* sets need to be changed	As *televisões* precisam ser trocados

66

282. *three/três*

He has *three* sons.	Ele tem *três* filhos.
I *have* three dogs.	Eu tenho *três* cachorros.
The desk has *three* drawers.	A mesa tem *três* gavetas.

283. *understand/entender*

I think I *understand*.	Eu acho que eu *entendo*.
Do you *understand* German?	Você *entende* alemão?
I could hardly *understand* him.	Eu mal podia *entendê-lo*.

284. *various/vários*

We talked about *various* topics.	Falamos sobre *vários* temas.
There are *various* kinds of coffee.	Existem *vários* tipos de café.
Various kinds of toys are availablet.	*Vários* tipos de brinquedos estão disponíveis.

285. *yourself/você mesmo*

Do it by *yourself*.	Faça isso *você mesmo*.
Believe in *yourself*.	Acredite em *você mesmo*
Try it out *yourself*.	Tente *você mesmo*.

286. *card/cartão*

He sent a *card* to Mary.	Ele enviou um *cartão* para Mary.
Can I use the credit *card*?	Posso usar *cartão* de crédito?
He sent me a birthday *card*.	Ele me mandou um *cartão* de aniversário.

287. difficult/difícil

It is *difficult* to understand her problem.	É *difícil* entender o problema dela.
The exam was very *difficult*.	O exame foi muito *difícil*.
Winning the league would be very *diffcult*.	Ganhar a liga seria muito *difícil*.

288. including/incluído

Is the hotel bill *including* taxes?	A conta do hotel *inclui* impostos?
I am *including* her name in the list.	Estou *incluindo* o nome dela na lista.
I*ncluding* me in the team made me proud.	*Incluir-me* na equipe me deixou orgulhoso.

289. list/lista

I added his name to the *list*.	Eu adicionei o nome dele à *lista*.
Please add my name to the *list*.	Por favor, adicione meu nome à *lista*.
Here is a *list* of things you need on that day.	Aqui está uma *lista* de coisas que você precisa naquele dia.

290. mind/mente

Your *mind* is brilliant	Sua *mente* é brilhante
No *mind* can stand this ill treatment	Nenhuma mente pode suportar este mau tratamento
Mind matters	*A mente* importa

291. particular/particular

| My father is very *particular* about food. | Meu pai é muito *particular* em relação à comida. |
| I do not want to go anywhere in *particular*. | Eu não quero ir a lugar nenhum em |

	particular.
I want to emphasize this point in *particular.*	Quero enfatizar esse ponto em *particular.*

292. *real/real*

The stories seemed so *real.*	As histórias pareciam tão *reais.*
The stuffed animals look very *real.*	Os bichos de pelúcia parecem muito *reais.*
Do you think the horror pictures are *real?*	Você acha que as imagens de horror são *reais?*

293. *science/ciência*

Science has made our life simpler.	A *ciência* tornou nossa vida mais simples.
Why did you fail in the *science* subjects?	Por que você falhou nas matérias de *ciências?*
Do you have *science* as one of the subjects?	Você tem *ciência* como uma das matérias?

294. *trade/comércio*

The *trade* agreements are not trustworthy.	Os acordos *comerciais* não são confiáveis.
There is a *trade* strike today.	Hoje existe uma greve *comercial.*
Where do you play your *trade?*	Onde você atua no seu *comércio?*

295. *consider/considerar*

I *consider* him to be an excellent teacher.	Eu o *considero* um excelente professor.
She urged me to *consider* the request.	Ela o instigou a *considerar* o pedido.
Please *consider* my proposal.	Por favor, *considere* minha proposta.

296. *either/algum-também*

I do not know *either* of them.	Eu não conheço nenhum deles.
I cannot comprehend it *either*.	Também *não consigo compreender.*
I do not like it, *either*.	Eu também *não gosto*

297. *library/biblioteca*

They have access to the *library*.	Eles têm acesso à *biblioteca*.
I left my books in the *library*.	Deixei meus livros na *biblioteca*.
We live near a big *library*.	Nós moramos perto de uma *biblioteca grande*.

298. *likely/provável*

The sky is *likely* to clear up.	É *provável* que o céu esclareça.
He is *likely* to be fine.	Ele *provavelmente* ficará bem.
He is *likely* to come.	*É* provável que ele venha.

299. *nature/natureza*

I don't like the *nature* of the child.	Eu não gosto da *natureza* da criança.
It was in his *nature*.	Isso era da *natureza dele*.
Nature can be wild.	A *natureza* pode ser selvagem.

300. *fact/fato*

This is based on *fact*	Isso é baseado em *fatos*
I cannot hide this *fact*	Não posso esconder esse *fato*
This *fact* cannot be denied	Este *fato* não pode ser negado

RANKING: 301–300

The 1000 most used Portuguese words

301. line linha	302. product produto	303. care cuidado	304. group grupo	305. ideia ideia
306. risk risco	307. several vários	308. someone alguém	309. temperature temperatura	310. united unidos
311. word palavra	312. fat gordo	313. force força	314. key chave	315. light luz
316. simply simples	317. today hoje	318. training treinamento	319. until até	320. major maior
321. name nome	322. personal. pessoal	323. school escola	324. top acima	325. current atual
326. generally geralmente	327. historical histórico	328. investment/investimento investimento	329. left esquerda	330. national nacional
331. amount quantidade	332. level nível	333. order pedido	334. practice prática	335. research pesquisa
336. sense sentido	337. service serviço	338. area área	339. cut corte	340. hot quente
341. instead ao invés de	342. least menos	343. natural natural	344. physical físico	345. piece pedaço
346. show ato	347. society sociedade	348. try tentar	349. check verificar	350. choose escolher
351. develop desenvolver	352. second segundo	353. useful útil	354. web web	355. activity atividade
356. boss chefe	357. short curto	358. story história	359. call ligar	360. industry indústria
361. last último	362. mídia mídia	363. mental mental	364. move mover-mudar	365. pay pagar
366. sport esporte	367. thing coisa	368. actually na verdade	369. against contra	370. far longe

371. fun divertido	372. house casa	373. let deixar	374. page página	375. remember lembrar
376. term termo	377. test teste	378. within dentro	379. along junto	380. answer resposta
381. increase aumentar	382. oven forno	383. quite muito	384. scared assustado	385. single solteiro
386. sound som	387. again de novo	388. community comunidade	389. definition definição	390. focus foco
391. individual individual	392. matter assunto	393. safety segurança	394. turn curva, tornar-se	395. everything tudo
396. kind tipo	397. quality qualidade	398. soil solo	399. ask pergunta	400. board quadro

301. *line/linha-fila*

Wait in *line*, please	Espere na *fila*, por favor
Write on every other *line*	Escreva em qualquer outra *linha*
Please waite in *line* for a moment	Por favor, espere na *fila* por um momento

302. *product/produto*

The product is really good.	O *produto* é realmente bom.
Do you have any other *product?*	Você tem algum outro *produto*?
This *product* is very expensive.	Este *produto* é muito caro.

303. *care/cuidado*

Do take *care* of him.	*Cuide* dele.
I am going to take *care* of him.	Eu vou *cuidar2 dele.*

Please do take *care* of yourself.	Por favor, *cuide*-se.

304. *group/grupo*

The *group* of strangers is coming this way.	O *grupo* de estranhos está vindo para cá.
I saw an odd *group* there.	Eu vi um *grupo* estranho lá.
It is a huge *group*.	É um *grupo* enorme.

305. *idea/ideia*

I had no *idea*.	Eu não fazia *idéia*.
Do you have any *idea* about this?	Voce tem alguma *ideia* sobre isso?
He always comes up with an *idea*.	Ele sempre tem uma *ideia*.

306. *risk/risco*

There is no *risk* in this business.	Não há *risco* neste negócio.
I will not take this *risk*.	Eu não vou correr esse *risco*.
She takes too many *risks*.	Ela assume muitos *riscos*.

307. *several/vários*

He came *several* times	Ele veio *várias* vezes.
I have been abroad *several* times	Eu estive no exterior *várias* vezes
I have been there on *several* occasions S	Estive lá em *várias* ocasiões

308. *someone/alguém*

Someone is at the door.	*Alguém* está na porta.
I heard *someone* whistle.	Eu ouvi *alguém* assobiar.
Please ask *someone* else.	Por favor, peça a *outra* pessoa.

309. *temperature/temperatura*

My *temperature* is normal.	A minha *temperatura* está normal.
My mother took my *temperature*.	Eu pareço ter uma *temperatura alta*.
My mother took my *temperature*.	Minha mãe mediu minha *temperatura*.

310. *united/unidos*

We are always *united*	Estamos sempre *unidos*
Both teams *united* for the parade	Ambas as equipes *unidas* para o desfile
The brothers should be *united*	Os irmãos devem estar *unidos*

311. *word / palavra*

Please read every *word* in the document.	Por favor, leia todas as *palavras* do documento.
You didn't keep your *word*.	Você não cumpriu sua *palavra*.
I give you my *word*.	Dou-lhe minha *palavra*.

312. *fat/gordo*

I am very *fat*.	Eu estou muito *gordo*.
I am extremely *fat*.	Eu sou extremamente *gordo*.
Do you think I am *fat?*	Você acha que eu sou *gordo?*

313. *force/força*

| Tom was *forced* to make a hasty decision. | Tom foi *forçado* a tomar uma decisão precipitada. |

| I was *forced* to exclude him. | Fui *forçado* a excluí-lo. |
| Please do not *force* her. | Por favor, não a *force*. |

314. *key/chave*

I lost my car *key*.	Perdi a *chave* do meu carro.
Do you have the *key* to this door?	Você tem a *chave* desta porta?
Where is the *key* to the wardrobe?	Onde está a *chave* do guarda-roupa?

315. *light/luz*

The *light* is on.	A *luz* está acesa.
Put out the *light*.	Desligue a *luz*.
Turn *off* the light.	Desligue a *luz*.

316. *simply/simplemente*

I *simply* don't know.	*Eu* simplesmente não sei.
She was *simply* available	Ela estava *simplesmente* disponível
I can *simply* marry him.	Eu posso *simplesmente* casar com ele.

317. *today/hoje*

What day is *today?*	Que dia é *hoje?*
I need to see her *today*.	Eu preciso vê-la *hoje*.
I lost my mom *today*.	Eu perdi minha mãe *hoje*.

318. *training/treinamento*

| My *training* is not yet complete. | Meu *treinamento* ainda não está completo. |

You will be sent back to *training* .	Você será enviado de volta ao *treinamento*.
You lack proper *training.*	Você não tem *treinamento* adequado.

319. *until/até*

We talked *until* two.	Ficamos conversando *até* as duas.
I will stay here *until* ten.	Eu vou ficar aqui *até* as dez.
Wait *until* further notice.	Aguarde *até* novo aviso.

320. *major/maior-principais*

What are your *major* subjects?	Quais são os seus *principais* assuntos?
A *major* success would helped	Um sucesso *maior* ajudaria
The boy didn't get a major harm.	O garoto não sofreu nenhum dano maior.

321. *name/nome*

What *is your name?*	Qual *é* o seu nome?
You have a very sweet *name.*	Você tem um *nome* muito fofo.
I will name this building after you.	Vou *nomear este edifício depois de você.*

322. *personal/pessoal*

This is a very *personal* matter.	Este é um assunto muito *pessoal.*
I keep my *personal* items in the bag.	Eu mantenho meus itens *pessoais* na bolsa.
Please come for the *personal* interview.	Por favor, venha para a entrevista *pessoal.*

323. *school/escola*

The *school* will be closed tomorrow.	A *escola* estará fechada amanhã.

When will your *school* open?	Quando sua *escola* abrirá?
I do not like going to *school*.	Eu não gosto de ir à *escola*.

324. *top/topo-acima*

She wants to reach the *top*.	Ela quer chegar ao *topo*.
He lives at the *top* of the hill.	Ele mora no *topo* da colina.
This book goes on the top shelf.	Este livro está na prateleira *acima*.

325. *current/atual*

What is the *current* scenario?	Qual é o cenário *atual*?
The *current* profile is not fully updated.	O perfil *atual* não está totalmente atualizado.
The *current* situation is pretty bad.	A situação *atual* é muito ruim.

326. *generally/geralmente*

Generally, I don't speak like this.	*Geralmente*, eu não falo assim.
What do you do *generally?*	O que você faz *geralmente?*
There has been a lot of confusion *generally*.	Tem havido muita confusão *geralmente*.

327. *historical/histórico*

This place has a *historical* significance.	Este lugar tem um significado *histórico*.
I love visiting *historical* places.	Adoro visitar lugares *históricos*.
Are there any *historical* attractions?	Existem atrações *históricas*?

328. *investment/investimento*

Your *investment* would be welcome	Seu *investimento* seria bem-vindo

Goodness is a good *investment*	Bondade é um bom *investimento*
I always believe in a good *investment.*	Eu sempre acredito em um bom *investimento.*

329. *left/ esquerda*

I was standing on the *left* side	Eu estava de pé no lado *esquerdo*
I do everything with my *left* hand	Faço tudo com a mão *esquerda*
The *left* corner is wrong	O canto *esquerdo* está errado

330. *national/nacional*

I have a sense of *nation* duty.	Eu tenho um senso de dever *nacional.*
The *nation* integrity is very important.	A integridade *nacional* é muito importante.
He performed his *nation* duties with pride.	Ele cumpriu seus deveres *nacionais* com orgulho.

331. *amount/quantidade-quantia*

The *amount* is very little	A *quantidade* é muito pequena
He amassed a huge *amount* of wealth	Ele acumulou uma enorme *quantidade* de riqueza
Do you have that *amount* with you?	Você tem essa *quantia* com você?

332. *level/nível*

We will talk to high *level* authorities.	Conversaremos com autoridades de alto nível.
This game has only one *level.*	Este jogo tem apenas um *nível.*
I need to increase my *level* of attention.	Eu preciso aumentar meu *nível* de atenção.

333. order/ordem

He put his room in *order*.	Ele colocou seu quarto em *ordem*.
Everything is in *order*	Está tudo em *ordem*.
Order is essential for prosperity	A ordem é essencial para a prosperidade

334. practice/praticar

You need to *practice* hard.	Você precisa *praticar* muito.
Practice the numerical exercises.	*Pratique* os exercícios numéricos.
The *practice* sessions were long.	As sessões *práticas* foram longas.

335. research/pesquisa

A complete *research* is required	É necessária uma *pesquisa* completa
My *research* papers are lost.	Meus documentos de *pesquisa* estão perdidos.
Did you do your *research* properly?	Você fez sua *pesquisa* corretamente?

336. sense/sentido-senso

He has lost his common *sense*.	Ele perdeu o bom *senso*.
He regained his *sense* after a while.	Ele recuperou o *sentido* depois de um tempo.
Do you have any *sense* of all these?	Você tem algum *senso* de tudo isso?

337. service/serviço

I have been in *service* for 3 years.	Estou a *serviço* há 3 anos.
The cell phone is out of *service*.	O telefone celular está fora de *serviço*.
The car needs to go to the *service* station.	O carro precisa ir para a estação de *serviço*.

338. *area/área*

The *area* is very developed.	A *área* é muito desenvolvida.
Clean this *area* first.	Limpe esta *área* primeiro.
The whole area is taken care of	Toda a *área* é cuidada

339. *cut/corte*

I have a deep *cut*.	Eu tenho um *corte* profundo.
There has been a pay *cut*.	Houve um *corte* no pagamento.
These *scissors cut well.*	Estas tesouras *cortam* bem.

340. *hot/quente-calor-picante*

It is *hot* today.	Hoje está muito *calor*.
The room is *hot*.	A sala está *quente.*
Tom likes *hot* curry.	Tom gosta de curry *picante.*

341. *instead/invés de*

Instead of him, I will go	*Invés dele*, eu irei
Please feed her *instead*.	Por favor, alimente-a *invés de* você.
Work *instead* of sitting idle.	Trabalhe *invés de* ficar ocioso.

342. *least/menos*

I can walk at *least* two miles.	Eu posso andar pelo *menos* duas milhas.
He has the *least* money of us all.	Ele tem *menos* dinheiro do que todos nós.
I feed him at *least* once a week.	Eu o alimento pelo *menos* uma vez por semana.

343. *natural/natural*

The fruit juice is 100% *natural.*	O suco de frutas é 100% *natural.*
Natural hot spring water is healthy	A água termal *natural* é saudável
This is a *natural* garden.	Este é um jardim *natural.*

344. *physical/físico*

Let us not get to the *physical* level	Não vamos chegar ao nível *físico*
Please do some *physical* exercises	Por favor, faça alguns exercícios *físicos*
The relationship got *physical*	O relacionamento ficou *físico*

345. *piece/pedaço*

That was the last *piece* of cake.	Esse foi o último *pedaço* de bolo.
I want a *piece* of candy.	Eu quero um *pedaço* de doce.
Jim got a small *piece* of pie.	Tom pegou um *pedacinho* de torta.

346. *show/show*

Did you watch the full *show?*	Você assistiu ao *show* completo?
There is an evening *show* every day.	Há um *show* noturno todos os dias.
She did go to the *show*	Ela foi ao *show*

347. *society/sociedade*

Please keep the *society* out of this.	Por favor, mantenha a *sociedade* fora disso.
The *society* was aware of all.	A *sociedade* estava ciente de tudo.
The *society* will never approve of this.	A *sociedade* nunca aprovará isso.

348. *try/tentar*

You must *try*	Você deve *tentar*
Try till you succeed.	*Tente* até conseguir.
You did not *try* hard enough.	Você não *tentou* o suficiente.

349. *check/verificar*

Please *check* your belongings.	Por favor, *verifique* seus pertences.
You need to *check* the bill.	Você precisa *verificar* a conta.
Check the rooms before you leave.	*Verifique* os quartos antes de sair.

350. *choose/escolher*

Choose the shirt you prefer	*Escolha* a camisa que você preferir
Choose the one you like.	*Escolha* o que você gosta
Please *choose* one person	Por favor *escolha* uma pessoa

351. *develop/desenvolver*

I will *develop* software next month	Vou *desenvolver* um software no próximo mês
You need to *develop* your vocabulary.	Você precisa *desenvolver* seu vocabulário.
Jill has to *develop* her body to compete	Jill tem que *desenvolver* seu corpo para competir

352. *second/segundo*

Give me a *second!*	Me dê um *segundo*! Eu voltarei.
You are just a *second* late for the interview.	Você está apenas um *segundo* atrasado para a entrevista.

| Wait a *second!* I am coming. | Espere um *segundo!* Estou vindo. |

353. *useful/útil*

This tool had been very *useful.*	Esta ferramenta tinha sido muito *útil.*
Iron is a *useful* metal	O ferro é um metal *útil*
The man gave a *useful* piece of advice.	O homem deu um conselho *útil.*

354. *web/ web-rede*

It is actually a *web* based company.	Na verdade, é uma empresa baseada na *rede.*
The spiders are known for their *webs.*	As aranhas são conhecidas por suas *teias.*
You have entered a *web* of complexities.	Você entrou em uma *rede* de complexidades.

355. *activity/atividade*

Engage yourself in any sort of *activity.*	Envolva-se em qualquer tipo de *atividade.*
Their *activity* is very expensive	A *atividade* deles é muito cara
These documents relate to that *activity*	Esses documentos estão relacionados a essa atividade

356. *boss/chefe*

The *boss* was very angry at Jim.	O *chefe* estava muito zangado com Jim.
Please inform your *boss.*	Por favor, informe seu *chefe.*
The *boss* will never agree to this.	O *chefe* nunca vai concordar com isso.

357. *short/curto*

| The girl had *short* hair. | A menina tinha cabelo *curto.* |

| The tie is very *short.* | A gravata é muito *curta.* |
| Why do you always wear *short* pants? | Por que você sempre usa calças *curtas*? |

358. *story/história*

What is the moral of the *story?*	Qual é a moral da *história*?
Tell me a horror *story*	Conte-me uma *história* de terror
Do you have any *story* book?	Você tem algum livro de *histórias*?

359. *call/chamar-ligar*

The doctor will be *called*	O médico será *chamado*
Please *call* the police.	Por favor, *chame* a polícia.
I need to *call* my friend.	Eu preciso *ligar* para o meu amigo.

360. *industry/indústria*

There is a strike in the *industry* today	Há uma greve na *indústria* hoje
There is no future in the textile *industry.*	Não há futuro na *indústria* têxtil.
The oil *industry* is very rich	A indústria do petróleo é muito rica

361. *last/último*

Jim stood *last* in the history test.	Jim ficou em *último* lugar no teste de história.
I was the *last* one to enter the reception.	Eu fui o *último* a entrar na recepção.
Have the *last* piece of cake.	Pegue o *último* pedaço de bolo.

362. *media/mídia*

The *media* room was full of people	A sala de *mídia* estava cheia de gente
Don not talk to the *media.*	Não fale com a mídia.
The *media* people are very irritating.	As pessoas da *mídia* são muito irritantes.

363. *mental/mental*

The *mental* hospital is located 50 miles away	O hospital *mental* está localizado a 50 milhas de distância
His *mental* condition is not okay.	Sua condição *mental* não está boa.
The doctor is seeing *mental* patients.	O médico está atendendo pacientes *mentais.*

364. *move/mover-mudar-sair*

I need to *move* from here.	Eu preciso *sair* daqui.
Please *move* from my line of sight.	Por favor, *saia* da minha linha de visão.
The dog will *move* when the car starts	O cão se *moverá* quando o carro ligar

365. *pay/pagar*

I will *pay* the invoice next week.	*Pagarei* a fatura na próxima semana.
Please *pay* in cash.	Por favor, *pague* em dinheiro.
Always *pay* in local currency.	Sempre *pague* na moeda local.

366. *sport/esporte*

Cricket is the most loved *sport* in UK	O críquete é o *esporte* mais amado no Reino Unido
Jill does not like any *sport* at all.	Jill não gosta de nenhum *esporte.*
Soccer is the most popular *sport* in Europa	O futebol é o esporte mais popular da Europa

367. *thing/coisa*

What is that *thing?*	O que é essa *coisa?*
There is no such *thing* here.	Mas não existe essa *coisa* aqui.
Do not bring this *thing* to class.	Não leve essa *coisa* para a aula.

368. *actually/realmente- na verdade*

The party was *actually* for him.	A festa foi *realmente* para ele.
He *actually* looked very sympathetic.	Ele *realmente* parecia muito compreensivo.
I *actually* forgot her birthday.	*Na verdade*, eu esqueci o aniversário dela.

369. *against/contra*

He was always *against* me.	Ele estava sempre *contra* mim.
This is *against* the rules.	Isso é *contra* as regras.
Do not speak *against* me.	Não fale *contra* mim.

370. *far/longe*

The house is very *far* from here.	A casa é muito *longe* daqui.
How *far* is this place?	Quão *longe* é este lugar?
It cannot be very *far* from here.	Não pode ficar muito *longe* daqui.

371. *fun/divertido*

Where is the *fun* element here?	Onde está o elemento *divertido* aqui?
There is no *fun* in this show	Não há *diversão* neste show
Please have *fun* in the party	Por favor, *divirta*-se na festa

372. house/casa

The *house* seems to be haunted.	A *casa* parece estar assombrada.
Look at the *house* in the corner!	Olhe para a *casa* no canto!
There is someone in the *house*.	Há alguém na *casa*.

373. let/deixar

You cannot *let* everybody come in.	Você não pode *deixar* todo mundo entrar.
Please *let* me in.	Por favor, me *deixe* entrar.
Do not *let* him play here.	Não *deixe* ele jogar aqui.

374. page/página

Turn the *page*.	Vire a *página*.
The candle fell on the *page*.	A vela caiu na *página*.
You must start writing a fresh *page*.	Você deve começar a escrever uma *página* nova.

375. remember/lembrar

I cannot *remember* the facts	Não me *lembro* dos fatos
Do you *remember* me after so long?	Você se *lembra* de mim depois de tanto tempo?
Remember to pay the bills on time.	*Lembre-se* de pagar as contas em dia.

376. term/ termo-prazo

Will you comply with the terms?	Você cumprirá os termos?

| This is the end of the second *term*. | Este é o fim do segundo *prazo*. |
| I do not think his *term* is over | Eu não acho que o seu *prazo* acabou |

377. *test/teste*

We have a physics *test* tomorrow.	Temos um *teste* de física amanhã.
You need to have a blood *test*.	Você precisa fazer um *teste* de sangue.
The teacher announced a surprise *test* today.	O professor anunciou um *teste* surpresa hoje.

378. *within/dentro*

I live *within* 2 km of the station.	Eu moro *dentro* de 2 km da estação.
She cremated *within* 24 hours	Ela queimou *dentro* de 24 horas
Within one month, he will go back	*Dentro* de um mês, ele voltará

379. *along/ao longo-junto*

He gets *along* with me.	Ele *se dá* bem comigo.
Come *along* with me.	Venha *junto* comigo.
Do bring her *along* with me	Traga-a *junto comigo para que eu possa vê-la*

380. *answer/resposta*

There is no *answer* to such questions.	Não há *resposta* para essas perguntas.
I do not have an *answer* for this.	Eu não tenho uma *resposta* para isso.
Please *answer* correctly.	Por favor, *responda* corretamente.

381. *increase/aumentar*

There will be an *increase* in the interest rate	Haverá um *aumento* na taxa de juros
Your height will *increase* with these pills.	Sua altura *aumentará* com essas pílulas.
Please *increase* my remuneration.	Por favor, *aumente* minha remuneração.

382. *oven/forno*

Please put the cake in the *oven*.	Por favor, coloque o bolo no *forno*.
The *oven* needs repairing.	O *forno* precisa de reparos.
We need to buy a new *oven*.	Precisamos comprar um *forno* novo.

383. *quite/completamente*

This is not *quite* true.	Isso não é *completamente* verdade.
I am *quite* sure.	Eu tenho *completamente* certeza.
This is *quite* noisy	Isso está *completamente* barulhento

384. *scared/medo*

I am *scared* to death.	Estou morrendo de *medo*.
He is very *scared* after the incident.	Ele está com muito *medo* após o incidente.
Don't be so *scared*.	Não fique com tanto *medo*.

385. *single/solteiro-só*

Why are you still *single?*	Por que você ainda está *solteiro?*
He remained *single* all his life.	Ele permaneceu *solteiro* a vida toda.
She failed to understand a *single* word.	Ela não conseguiu entender uma *só* palavra.

386. *sound/som*

The boys made a loud *sound*.	Os meninos fizeram um *som* alto.
The *sound* of the doors awakened me.	O *som* das portas me despertou.
Please, turn down that *sound*.	Por favor, abaixe esse *som*.

387. *again/de novo*

I will never do this *again*	Eu nunca vou fazer isso *de novo*
He committed the same mistake *again*	Ele cometeu o mesmo erro *de novo*
Please come to my house *again*	Por favor, venha à minha casa *de novo*

388. *community/comunidade*

The *community* college is good.	A faculdade da *comunidade* é boa.
Please give the donation to the *community*	Por favor, faça a doação para a *comunidade*
There is an ill-feeling in the *community*.	Há um mal-estar na *comunidade*.

389. *definition/definição*

You gave a wrong *definition*.	Você deu uma *definição* errada.
Please write the *definition* of the words	Por favor escreva a *definição* das palavras
The definition of the term has changed	A *definição* do termo mudou

390. *focus/foco*

You should never lose your *focus*.	Você nunca deve perder seu *foco*.
The player lost his *focus* on the match.	O jogador perdeu o *foco* na partida.
If you *focus* you will achieve success.	Se você focar, alcançará o sucesso.

391. *individual/ individual*

How do you find *individual* cases?	Como você encontra casos *individuais*?
It is possible to identify an *individual* vehicle	É possível identificar um veículo *individual*
The *individual* came forward as expected	O *indivíduo* veio como esperado

392. *matter/ assunto*

This is a *matter* of grave concern.	Este é um *assunto* de grande preocupação.
I will go for sure to see the matter	eu irei com certeza ver o *assunto*
Don't take the *matter* in your own hands.	Não tome o *assunto* com suas próprias mãos.

393. *safety/segurança*

The *safety* is my concern.	A *segurança* é minha preocupação.
Please watch *safety* of the students.	Por favor, observe a *segurança* dos alunos.
Safety is a big issue here.	A segurança é um grande problema aqui.

394. *turn/virar-girar*

Please take a right *turn* here.	Por favor, *vire* à direita aqui.
Follow the turn of the events.	Siga a *virada* dos eventos.
Please *turn* to see the situation	Por favor, *vire* para ver a situação

395. *everything/tudo*

Everything is in perfect order here.	*Tudo* está em perfeita ordem aqui.
Try to bring *everything* with you.	Tente trazer *tudo* com você.
Everything is fine.	*Tudo* está bem.

396. *kind/gentil*

He has been very *kind* to me.	Ele tem sido muito *gentil* comigo.
He is *kind to everybody*	Ele é *gentil* com todo mundo
I am *kind* to all my students	Sou gentil com todos os meus alunos

397. *quality/qualidade*

The *quality* of the food is excellent.	A *qualidade* da comida é excelente.
Tom does *quality* work.	Tom faz um trabalho de *qualidade*.
Do you have better *quality* pictures?	Você tem fotos de melhor *qualidade*?

398. *soil/solo*

Nothing seems to grow in this *soil*.	Nada parece crescer neste *solo*.
This *soil* is moist.	Este *solo* está úmido.
What will grow in this *soil?*	O que crescerá neste *solo*?

399. *ask/pregunta*

Why do you *ask?*	Por que a *pergunta*?
May I *ask* a question?	Posso fazer uma *pergunta*?
Let us *ask* the teacher.	*Vamos perguntar* ao professor.

400. *board/bordo*

Is anyone on *board?*	Tem alguém a *bordo*?
The ship has everybody on *board*	O navio tem todos a *bordo*
Is there a doctor on *board?*	Tem algum médico a *bordo*?

RANKING: 401–500
The 1000 most used Portuguese words

401. buy comprar	402. development desenvolver	403. guard guarda	404. hold manter	405. language língua
406. later mais tarde	407. main principal	408. offer oferecer	409. oil óleo	410. picture imagem
411. potential potencial	412. professional profissional	413. rather em vez de	414. access acesso	415. additional adicional
416. almost quase	417. especially especialmente	418. garden jardim	419. international internacional	420. lower menor
421. management direção	422. open aberto	423. player jogador	424. range faixa	425. rate taxa
426. reason razão	427. travel viagem	428. variety variedade	429. vídeo vídeo	430. week semana
431. above acima	432. according conforme	433. cook cozinhar	434. determine determinar	435. future futuro
436. site local	437. alternative alternativa	438. demand demanda	439. ever nunca	440. exercise exercício
441. following próximo	442. image imagem	443. quickly rápido	444. special especial	445. working trabalhando
446. case caso	447. cause causa	448. coast costa	449. probably provavelmente	450. security segurança
451. true certo-verdade	452. whole completo-inteiro	453. action ação	454. age idade	455. among entre
456. bad mau	457. boat barco	458. country país	459. dance dançar	460. exam exame
461. excuse desculpa	462. grow crescer	463. movie filme	464. organization organização	465. record disco
466. result	467. section	468. across	469. already	470. below

resultado	seção	através	já	abaixo
471. building prédio	472. mouse rato	473. allow permitir	474. cash dinheiro	475. class classe
476. lear claro	477. dry seco	478. easy fácil	479. emotional emocional	480. equipment equipamento
481. live viver	482. nothing nada	483. period período	484. physics física	485. plan plano
486. store loja	487. tax imposto	488. analysis análise	489. cold frio	490. commercial comercial
491. directly diretamente	492. full cheio	493. involved envolvido	494. itself mesmo	495. low embaixo
496. old velho	497. policy política	498. political político	499. purchase compra	500. series serie

401. buy/comprar

Do not *buy* these things.	Não *compre* essas coisas.
I am going to *buy* a new handbag.	Vou *comprar* uma bolsa nova.
What will you *buy* this season?	O que você vai *comprar* nesta temporada?

402. development/desenvolvimento

The area needs quick *development*.	A área precisa de *desenvolvimento* rápido.
The project is in the *development* stage.	O projeto está em fase de *desenvolvimento*.
The boy needs needs more *development*.	O garoto precisa de mais *desenvolvimento*.

403. guard/guarda

We need a *guard* for the building.	Precisamos de um *guarda* para o prédio.
The dogs will *guard* the treasure.	Os cães vão guardar o tesouro.

| There is no one to *guard* the luggage | Não há ninguém para *guardar* a bagagem |

404. *hold/ segurar*

Please *hold* the bag	Por favor, *segure* a bolsa
This suitcase *holds* everything.	Esta mala *segura* tudo.
Please *hold* the handrail in the train.	Por favor, segure o corrimão no trem.

405. *language/língua*

The French is an easy *language* to learn.	O francês é uma *língua* fácil de aprender.
The *language* transcends all barriers.	*A* língua transcende todas as barreiras.
Which *language* is that one?	Que *língua* é essa?

406. *later/mais tarde - atrasado*

I will see you *later.*	Vejo você *mais tarde.*
We will discus this *later.*	Discutiremos isso *mais tarde.*
The meeting has been set for *later*	A reunião foi marcada para *mais tarde*

407. *main/principal*

Please put out the *main* switch	Por favor, apague o interruptor *principal*
I will go and check the *main* door.	Eu vou e verificarei a porta *principal.*
Where is the *main* switch?	Onde está o interruptor *principal*?

408. *offer/oferecer-oferta*

| This is a very good *offer.* | Esta é uma *oferta* muito boa. |
| How much can you *offer* for this old DVD? | Quanto você pode *oferecer* por esse DVD |

	antigo?
I have nothing much to *offer*.	Não tenho muito a *oferecer*.

409. *oil/óleo*

The Middle East has plenty of olive *oil*	O Oriente Médio tem bastante *oléo* de azeite
Try to avoid Palm *oil* as much as possible.	Tente evitar o *óleo* de palma, tanto quanto possível.
What type of cooking *oil* do you use?	Que tipo de *óleo* de cozinha você usa?

410. *picture/ imagem*

The *picture* on the wall is really beautiful.	A *imagem* na parede é realmente linda.
I will buy a *picture* from you.	Vou comprar uma *imagem sua*.
Can you draw a *picture* of me?	Você pode desenhar uma *imagem* minha?

411. *potential/potencial*

She has the *potential* to do well.	Ela tem *potencial* para fazer o bem.
Always live up to your *potential*.	Sempre cumpra o seu *potencial*.
Jim has the *potential* to win a medal.	Jim tem *potencial* para ganhar uma medalha.

412. *professional/profissional*

Tim is highly *professional* footballer.	Tim é um jogador de futebol altamente *profissional*.
You need to be a bit more *professional*.	Você precisa ser um pouco mais *profissional*.
Are you not a *professional* wrestler?	Você não é um lutador *profissional*?

413. *rather/em vez de -preferir*

Rather you could work	*Em vez disso*, você poderia trabalhar
I would *rather* not go	*Prefiro* não ir
I should *rather* stay at home	Prefiro ficar em casa

414. *access/acesso*

I do not have *access* to any of these vaults.	Não tenho *acesso* a nenhum desses cofres
Do you have an *access* card?	Você tem um cartão de *acesso*?
Why am I not allowed *access* these files?	Por que não tenho permissão para *acessar* esses arquivos?

415. *additional/adicional*

You need to write some *additional* notes.	Você precisa escrever algumas notas *adicionais*.
We need *additional* help	Precisamos de ajuda *adicional*
This book has some *additional* information.	Este livro tem algumas informações *adicionais*.

416. *almost/quase*

She is *almost* there.	Ela está *quase* lá.
I have *almost* finished this thesis.	*Eu* quase terminei esta tese.
I am *almost* certain that Jim is the murderer.	Estou *quase* certo de que Jim é o assassino.

417. *especially/especialmente*

I love everybody in office *especially* you.	Eu amo todo mundo no escritório, *especialmente* você.
I miss her, *especially* on rainy days.	Sinto falta dela, *especialmente* em dias chuvosos.

She is always *especially* nice	Ela é sempre *especialmente* legal

418. *garden/jardim*

The *garden* needs to be manicured.	O *jardim* precisa ser bem cuidado.
There is no one to look after the *garden*.	Não há ninguém para cuidar do *jardim*.
You have a beautiful *garden* on the terrace.	Você tem um belo *jardim* no terraço.

419. *international/internacional*

The *international* laws are valid here	As leis *internacionais* são válidas aqui
Do not enter the *international* airspace	Não entre no espaço aéreo *internacional*
The *international* committee will investigate	O comitê *internacional* investigará

420. *lower/ inferior*

She has a sore spot in her *lower* back.	Ela tem uma ferida na região *inferior* das costas.
She bit her *lower* lip.	Ela mordeu o lábio *inferior*.
I got the *lower* berth in train.	Eu peguei o berço *inferior* no trem.

421. *management/ gerência*

The *management* stood by its decision.	A *gerência* manteve sua decisão.
The *management* has specific views.	A *gerência* tem visões específicas.
She went to Scotland to study *management*.	Ela foi para a Escócia para estudar gerência.

422. *open/aberto*

The door was left *open*.	A porta foi deixada *aberta*.

Open the door for your teacher.	*Abra* a porta para o seu professor.
I kept the fridge door *open* by mistake.	Eu mantive a porta da geladeira *aberta* por engano.

423. *player/jogador*

He is the most talented *player* in our team.	Ele é o *jogador* mais talentoso da nossa equipe.
The *player* was hurt in the match.	O *jogador* foi ferido na partida.
Do you have any news about the *player?*	Você tem alguma notícia sobre o *jogador?*

424. *range/faixa*

There is a wide *range* of reasons	Há uma ampla *faixa* de razões
Mi skills show a wide *range.*	Minhas habilidades mostram uma *faixa ampla.*
The store has a good *range* of products.	A loja tem uma boa *faixa* de produtos.

425. *rate/taxa-forma*

What is the exchange *rate* today?	Qual é a *taxa* de câmbio hoje?
That is the going *rate.*	Essa é a *taxa* atual.
At any *rate* I will do my best.	De qualquer *forma*, farei o meu melhor.

426. *reason/razão*

What is the *reason* for her absence?	Qual é a *razão* da sua ausência?
You need to find the *reason* behind it.	Você precisa encontrar a *razão* por trás disso.

I don't see the *reason* to do that	Não vejo a *razão* para fazer isso

427. *travel/viajar*

I like to *travel* a lot.	Eu gosto de *viajar* muito
Do you love to *travel?*	Voce ama *viajar?*
I have to *travel* a lot in my work.	Eu tenho que *viajar* muito no meu trabalho.

428. *variety/variedade*

There is a wide *variety* of goods	Existe uma grande *variedade* de mercadorias
There is no *variety* in the restaurant menu.	Não há *variedade* no menu do restaurante.
Look at the *variety* of flowers.	Olhe para a *variedade* de flores.

429. *video/vídeo*

The *video* was very disturbing.	O *vídeo* foi muito perturbador.
The security guard checked the *video*	O segurança verificou o *vídeo*
Did you watch any online *video?*	Você assistiu algum *vídeo* online?

430. *week/semana*

Please come here next *week.*	Por favor, venha aqui na próxima *semana.*
I am very busy this *week.*	Estou muito ocupado esta *semana.*
What a *week* that was!	Que *semana* foi essa!

431. *above/acima*

He lives *above* me.	Ele mora *acima* de mim.
He is *above* doing such a thing.	Ele está *acima* de fazer uma coisa dessas.

Tom lives in the room *above* us.	Tom mora no quarto *acima* de nós.

432. *according/segundo-de acordo*

According to Tom, Jill is not coming today.	*Segundo* Tom, Jill não virá hoje.
You shoul work *according* to a set plan.	Você deve trabalhar *de acordo* com um plano definido.
According to you, what should be nex?	*De acordo* com você, o que deve ser agora?

433. *cook/cozinheiro*

We have an Italian *cook* at home.	Temos um *cozinheiro* italiano em casa.
The *cook* in our house is gone	O *cozinheiro* em nossa casa se foi
Tom is a good *cook*.	Tom é um bom *cozinheiro*.

434. *determine/determinar*

I will *determine* how we proceed.	Vou *determinar* como procederemos.
We couldn´t *determine* her whereabouts.	Não conseguimos *determinar* o paradeiro dela.
We are trying to *determine* what happened	Estamos tentando *determinar* o que aconteceu

435. *future/futuro*

The *future* looks good for Tom.	O *futuro* parece bom para Tom.

| I can foresee my *future*. | Eu posso prever meu *futuro*. |
| Do not rely on *future* predictions. | Não confie em previsões *futuras*. |

436. *site/site-local*

Bookmark this *site*.	Marque este *site* como favorito.
This *site* is quite useful.	Este *site* é muito útil.
A man appeared at the *site*.	Um homem apareceu no *local*.

437. *alternative/alternativa*

There seems to be no *alternative*	Parece não haver *alternativa*
Is there an *alternative* room?	Existe uma sala *alternativa*?
Do you have an *alternative* plan?	Você tem um plano *alternativo*?

438. *demand/demandar*

I *demand* a salary hike immediately	*Demando* um aumento salarial imediatamente
Is there any *demand* for this product/	Existe alguma *demanda* para este produto ?
Your *demand* cannot be met.	Sua *demanda* não pode ser atendida.

439. *ever/nunca-alguma vez*

Have you *ever* been on TV?	Você *alguma vez* apareceu na televisão?
Have you *ever* been mugged?	Você *alguma vez* foi assaltado?
Have you *ever* seen a whale?	Você *alguma vez* viu uma baleia?

440. *exercise/exercício*

Regular *exercise* is good for the body.	O *exercício* regular é bom para o corpo.
Early *exercises* are healthy	*Os primeiros* exercícios são saudáveis
Do you *exercise* regularly?	Você se *exercita* regularmente?

441. *following/seguindo*

A lof of people is *following* Obama	Muitas pessoas estão *seguindo* Obama
I am *following* him for a long time.	Estou *seguindo*-o há muito tempo.
Are you *following* what he is saying?	Você está *seguindo* o que ele está dizendo?

442. *image/imagem*

The *image* of the club is very good.	A *imagem* do clube é muito boa.
These are really rare *images*.	São *imagens* realmente raras.
Where did you get this *image*?	Onde você conseguiu essa *imagem*?

443. *quickly/rápido*

Come here *quickly*.	Venha cá *rápido*.
I *quickly* ate lunch.	*Eu almocei* rápido.
Fashions *change quickly*.	A moda muda *rápido*.

444. *special/especial*

He has got *special* talents.	Ele tem talentos *especiais*.
He is really very *special* to me.	Ele é realmente muito *especial* para mim.
I will cook something *special* for you.	Vou cozinhar algo *especial* para você.

445. *working/trabalhando*

I am *working* in a multi-national firm.	*Estou trabalhando* em uma empresa multinacional.
How long have you been *working?*	Há quanto tempo você está *trabalhando?*
She is *working* in this hospital	Ela está *trabalhando* neste hospital

446. *case/caso*

This is a very hard *case* to crack.	Este é um *caso* muito difícil de resolver.
I will defend my *case* .	Eu vou defender o meu *caso.*
This *case* is irrelevant	Este *caso* é irrelevante

447. *cause/causa*

What has been the *cause* of this fire?	Qual foi a *causa* deste incêndio?
Do not *cause* any further trouble, please.	Não *cause* mais problemas, por favor.
Dandruff is the *cause* of your problems.	Caspa é a *causa* dos seus problemas.

448. *coast/costa*

Tom went to college on the West *coast.*	Tom foi para a faculdade na *costa* oeste.
The *coast* is clear.	A *costa* está clara.
I am from the East *coast.*	Eu sou da *costa* leste.

449. *probably/provavelmente*

He is *probably* sleeping.	Ele *provavelmente* está dormindo.
Dinner is *probably* ready	O jantar *provavelmente* está pronto
We *probably* won't have much snow	*Provavelmente* não teremos muita neve

450. *security/segurança*

The *security* guard is the suspect.	O guarda da *segurança* é o suspeito.
I will look after her *security*.	Eu cuidarei da *segurança* dela.
There is no *security* for women	Não há *segurança* para as mulheres

451. *true/certo, verdade*

Is that *true?*	Isto é *verdade?*
Dreams come *true.*	Os sonhos se tornam *verdade.*
This story is *true.*	Esta história é *verdadeira.*

452. *whole/todo-inteiro*

I will eat the *whole* cake today	Vou comer o bolo *inteiro* hoje
The *whole* world is going mad	*O mundo inteiro* está ficando louco
My *whole* body is sore	*Meu corpo todo* está dolorido

453. *action/ação*

Western leaders condemned the *action*	Líderes ocidentais condenaram a *ação*
Action is more important than words.	*Ação* é mais importante que palavras.
His brave *action* is worthy of a medal.	Sua *ação* valente é digno de uma medalha.

454. *age/idade*

I am the same *age.*	Eu tenho a mesma *idade.*
He is about my *age.*	Ele tem mais ou menos a minha *idade.*
I am twice your *age.*	Eu tenho o dobro da sua *idade.*

455. *among/entre*

We agreed *among* ourselves.	Nós concordamos *entre* nós.
Tom uneasy *among* strangers.	Tom fica desconfortável *entre* estranhos.
He believes there is a spy *among* us.	Ele acha que há um espião *entre* nós.

456. *bad/ruim*

The food was really *bad*.	A comida estava muito *ruim*.
His behavior is very *bad*.	O comportamento dele é muito *ruim*.
Jim has a *bad* attitude towards his sister.	Jim tem uma atitude *ruim* em relação à irmã.

457. *boat/ barco*

They got into the *boat*.	Eles entraram no barco.
You can go there in a *boat*.	Você pode ir lá em um *barco*.
I crossed the river by *boat*.	Eu atravessei o rio de *barco*.

458. *country/país. campo*

I live in the *country*.	Eu vivo no *campo*.
My parents live in the *country*.	Meus pais moram no *campo*.
Switzerland is a neutral *country*.	A Suíça é um *país* neutro.

459. *dance/dançar*

Jim loved to watch tribal *dance*.	Jim adorava assistir a dança tribal.
Mary can *dance* well.	Mary *dança* bem.
She watched him *dance*.	Ela assistiu a ele *dançando*.

460. *exam/exame*

I have a history *exam* tomorrow.	Eu tenho um *exame* de história amanhã.
You need an eye *exam*.	Você precisa de um *exame* oftalmológico.
Did you submit your *exam* papers?	Você enviou seus documentos para *exames*?

461. *excuse/ desculpar*

Excuse my clumsiness	*Desculpe* minha falta de jeito
Excuse me, but I feel sick	*Desculpe,* mas eu me sinto doente
Excuse me for opening your letter	*Desculpe*-me por abrir sua carta

462. *grow/crescer*

Here g*rows wheat*	Aqui *cresce* trigo
Nothing seems to grow in this *soil*.	Nada parece *crescer* neste solo.
What do you want to be when you *grow* up?	O que você quer ser quando *crescer*?

463. *movie/filme-cinema*

Was the *movie* good?	O *filme* foi bom?
Let us go to a *movie*.	Vamos ao *cinema*.
Did you like the *movie*?	Gostaram do *filme*?

464. *organization/organização*

UN is a highly respected *organization*.	A ONU é uma *organização* altamente respeitada.
I will join a new *organization*.	Vou me juntar a uma nova *organização*.
The *organization* began its activities.	A *organização* iniciou suas atividades.

465. *record/ recorde-registro*

Jack set a new world *record*	Jack estabeleceu um novo *recorde* mundial
Her *record* in this event is deplorable.	Seu *registro* neste evento é deplorável.
Did you say anything for the *record*?	Você disse alguma coisa para *registro?*

466. *result/resultado*

Tom wants *results*.	Tom quer *resultados*.
These are the *results*.	Estes são os *resultados*.
We expect good *results*.	Esperamos bons *resultados*.

467. *section/seção*

I look after the licensing *section*	Eu cuido da *seção* de licenciamento
Here, the poorer *section* of the society	Aqui, a *seção* mais pobre da sociedade
This *section* is for food storage	Esta *seção* é para armazenamento de alimentos

468. *across/através-atravessar*

He can walk *across* the street.	Ele pode *atravessar* a rua.
I can swim *across* the river.	Eu sei nadar *através* do rio.
We flew *across* the Atlantic.	Voamos *através* do Atlântico.

469. *already/já*

He has *already* left.	Ele *já* saiu.
He had *already* gone.	Ele *já* partira.
Has he arrived *already*?	Ele *já* chegou?

470. *below/abaixo*

It is five degrees *below* normal	Está cinco graus *abaixo* do normal
The neighbor below is noisy	O vizinho*abaixo* é barulhento
The flat *below* has a nice view	O apartamento *abaixo* tem uma bela vista

471. *building/prédio*

What is that *building*?	O que é esse *prédio*?
Look at that *building*.	Olhe para aquele *prédio*.
What is that tall *building*?	O que é esse *prédio* alto?

472. *mouse/rato*

I saw a *mouse* today.	Eu vi um *rato* hoje.
It was a large *mouse*.	Era um *rato* grande.
I need a new *mouse* for the PC	Preciso de um novo *mouse* para o PC

473. *allow/permitir*

I cannot *allow* him here.	Não posso *permiti*-lo aqui.
Please *allow* me to write the final answer.	*Por favor, permita*-me escrever a resposta final.
The teacher will never *allow* all this	O professor nunca *permitirá* tudo isso

474. *cash/dinheiro*

I need lots of *cash* today.	Eu preciso de muito *dinheiro* hoje.
Please pay the *cash* to Jim	Por favor, pague o *dinheiro ao Jim*
A lot of *cash* is available	Muito dinheiro está disponível

475. *class/classe*

Jill got promoted to higher *class*	Jill foi promovido a *classe* alta
There is a *class* division in the society.	Existe uma divisão de *classes* na sociedade.
The seats in the 2nd *class* are not nice	Os assentos na 2ª *classe* não são bons

476. *clear/claro*

The *sky is clear.*	O céu está *claro.*
Do I make myself *clear?*	Eu me fiz *claro?*
Am I making myself *clear?*	Estou deixando *claro?*

477. *dry/seco*

Paul has *dry* hair.	Paul tem cabelos *secos.*
I only buy *dry* food for the fishes.	Eu só compro comida *seca* para os peixes.
My dog never eats *dry* food.	Meu cachorro nunca come comida *seca.*

478. *easy/fácil*

Paul is an *easy* going person.	Paul é uma pessoa *fácil de lidar.*
The SAT papers were real *easy.*	Os documentos do SAT eram bem *fáceis.*
I never had it so *easy.*	Eu nunca tive isso tão *fácil.*

479. *emotional/emocional*

Paul is a very *emotional* person.	Paul é uma pessoa muito *emocional.*
This is the most *emotional* book I have read	Este é o livro mais *emocionante* que li
Why are you being so *emotional?*	Por que você está sendo tão *emocional?*

480. *equipment /equipamento*

What photographic *equipment* do you use?	Qual *equipamento* fotográfico você usa?
His *equipment* was seized at the airport.	Seu *equipamento* foi apreendido no aeroporto.
This *equipment* is the best available	Este *equipamento* é o melhor disponível

481. *live* /viver-morar

I *live* in Japan.	Eu *moro* no Japão.
Did you *live* here?	Você *morou* aqui?
I live in the *country*.	Eu *moro* em um país.

482 *nothing/nada*

There is *nothing* in the attic.	Não há nada no sótão.
Nothing is left of the chocolate cake.	*Nada* resta do bolo de chocolate.
Nothing can stop us now.	*Nada* pode nos parar agora.

483. *Period/período*

It is the most important *period* in my life.	É o *período* mais importante da minha vida.
This is a *period* of mourning.	Este é um *período* de luto.
This *period* of uncertainty will be over.	Este *período* de incerteza terminará.

484. *Physics/física*

Physics is my favorite subject.	*Física* é o meu assunto favorito.
I got a B+ in *Physics*.	Eu tirei um B + em *Física*.
The *Physics* teacher was late	O professor de *física* estava atrasado

485. *Plan/plano*

There was no *plan* for the team	Não havia *plano* para a equipe
Do you have a *plan* for tomorrow?	Você tem um *plano* para amanhã?
I have an amazing *plan*.	Eu tenho um *plano* incrível.

486. *Store/loja*

She took him to the *store*.	Ela o levou à *loja*.
What did she buy at the *store*?	O que ela comprou naquela *loja*?
I met Jack in front of the *store*.	Encontrei Tom em frente à *loja*.

487. *Tax/imposto*

You must pay your *tax* on time.	Você deve pagar seu *imposto* a tempo.
Every person must pay taxes.	Toda pessoa deve pagar *impostos*.
Where can I pay the toll *tax*?	Onde posso pagar o *pedágio*?

488. *Analysis/análise*

The final *analysis* is ready	A *análise* final está pronta
Make an *analysis* of the balance sheets	Faça uma análise dos balanços
The *analysis* of stock values is boring	A análise dos valores das ações é chata

489. *Cold/frio*

It was very *cold* outside.	Estava muito *frio* lá fora.
The polar bear lives in *cold* temperatures.	O urso polar vive em temperaturas *frias*.
The cold *food was* delicious.	A comida *fria* estava deliciosa.

490. *Commercial/comercial*

Did you pay the *commercial* taxes?	Você pagou os impostos *comerciais*?
The car is not for *commercial* purposes.	O carro não é para fins *comerciais*.
You need to have a *commercial* permit.	Você precisa ter uma licença *comercial*.

491. *directly/diretamente*

He was directly involved in the robbery	Ele estava diretamente envolvido no assalto
I was never *directly* involved	Eu nunca estive *diretamente* envolvido
Please speak to him *directly*	Por favor, fale com ele *diretamente*

492. *full/cheio*

My stomach is *full*.	Meu estômago está *cheio*.
The car has a *full* tank.	O carro tem um tanque *cheio*.
I am waiting for the *full* disclosure	Estou aguardando a divulgação *completa*

493. *involved/envolvido*

I don't want to get *involved* in all these.	Não quero me *envolver* em tudo isso.
She was never *involved* in the plan.	Ela nunca esteve *envolvida* no plano.
I was *involved* in my work	Eu estava *envolvido* no meu trabalho

494. *itself/mesmo-próprio*

The chair adjusts *itself*.	A cadeira *mesma se ajusta*.
Life *itself* is an effective therapist.	A *própria* vida é uma terapeuta eficaz.
The snake curled *itself* around her body.	A cobra enrolou em torno do seu *próprio corpo*.

495. *low/baixo*

Keep the flame *low*.	Mantenha a chama *baixa*.
The chair is too *low* for me	A cadeira é *baixa* demais para mim.
She complained about her *low* salary	Ela reclamou do meu *baixo* salário.

496. *old/velho*

I am *old* enough for this.	Sou *velho* o suficiente para isso.
My mother has grown very *old*.	Minha mãe ficou muito *velha*.
How *old* are you?	Quantos anos tem?

497. *policy/política*

The government announced its new *policy*.	O governo anunciou sua nova *política*.
The reason for the new *policy* is unknown	O motivo da nova *política* é desconhecido
The inmigration *policy* is very restricting	A política de imigração é muito restritiva

498. *political/político*

The environment is very *political*.	O ambiente é muito *político*.
Do not get involved in *political* activities.	Não se envolva em atividades *políticas*.
Have you joined any *political* party?	Você se juntou a algum partido *político*?

499. *purchase/comprar*

Did Tom *purchase* it?	Tom *comprou*?
When did you *purchase* it?	Quando você *comprou*?
I borrowed money to *purchase* the car.	Peguei dinheiro emprestado para *comprar* o carro.

500. *series/série*

The soccer *series* ended in a draw.	A *série* de futebol terminou empatada.
They played a three match *series*	Eles jogaram uma *série* de três partidas
Ferrari opted for this high profile *series*.	A Ferrari optou por esta *série* de alto perfil.

RANKING: 501–600
The 1000 most used Portuguese words

501. side lado	502. subject sujeito	503. supply suprimento	504. therefore portanto	505. thought pensamento
506. basis base	507. boyfriend namorado	508. deal acordo	509. direction direção	510. mean significar
511. primary primário	512. space espaço	513. strategy estrategia	514. technology tecnologia	515. worth valor
516. army exército	517. camera câmera	518. fall cair	519. freedom liberdade	520. paper papel
521. rule régua	522. similar similar	523. stock estoque	524. weather clima	525. yet ainda
526. bring trazer	527. chance chance	528. environment ambiente	529. everyone todo	530. figure figura
531. improve melhorar	532. man homem	533. model modelo	534. necessary necessário	535. positive positivo
536. produce produzir	537. search buscar	538. source fonte	539. beginning princípio	540. child criança
541. earth terra	542. else mais	543. health saúde	544. instance instância	545. maintain manter
546. month mês	547. present presente	548. program programa	549. spend passar	550. talk falar
551. truth verdade	552. upset bravo	553. begin começo	554. chicken frango	555. close fechar
556. creative criativo	557. design desenho	558. feature característica	559. financial financeiro	560. head cabeça
561. marketing marketing	562. material material	563. medical médico	564. purpose propósito	565. question questão
566. rock pedra	567. salt sal	568. tell dizer	569. themselves eles mesmos	570. traditional tradicional
571.	572.	573.	574.	575.

university	writing	act	article	birth
universidade	escritura	ato	artigo	nascimento
576.	577.	578.	579.	580.
car	cost	department	difference	dog
carro	costa	departamento	diferença	cachorro
581.	582.	583.	584.	585.
drive	exist	federal	goal	green
dirigir	existir	federal	meta	verde
586.	587.	588.	589.	590.
late	news	object	scale	sun
tarde	notícias	objeto	escala	sol
591.	592.	593.	594.	595.
support	tend	thus	audience	enjoy
suporte	tendência	assim	audiência	desfrutar
596.	597.	598.	599.	600.
entire	fishing	fit	glad	growth
inteiro	pescar	em forma	feliz	crescimento

501. *side/lado*

The player has a serious injury on his *side*	O jogador tem uma lesão grave ao seu *lado*
Come over to this *side*.	Venha para este *lado*.
Walk on the left *side* of the road.	Ande no *lado* esquerdo da estrada.

502. *subject/matéria-tema*

What is your favorite *subject* in school?	Qual é a sua *matéria* favorita na escola?
History was never the *subject* I liked.	A história nunca foi a *matéria* que eu gostei.
The man has an opinion on this theme.	O homem tem uma opinião sobre esse tema.

503. *supply/suprimento*

The gas *supply* to building was cut off.	O *suprimento* de gás para a construção foi cortado.
There ia a steady *supply* of fresh milk.	Existe um *suprimento* constante de leite

	fresco.
Please *supply* chicken on a regular basis?	Por favor, *supra* frango regularmente?

504. *therefore/portanto*

Therefore they should be better now.	*Portanto* , eles devem estar melhores agora.
I was a skeptical; *therefore* I avoided him.	Eu era cético; *portanto* eu o evitei.
It is very early, *therefore* you should wait	É muito cedo, *portanto* , você deve esperar

505. *thought/pensamento*

Jim *thought* that it was a bad joke.	Jim *achou* que era uma piada de mau gosto.
I never *thought* on those lines.	Eu nunca *pensei* nessas linhas.
Give a *thought* to the lyrics of the song.	*Pense* nas letras da música.

506. *basis/base*

On what *basis* did you take this decision?	Em que *base* você tomou essa decisão?
There is no *basis* for these claims.	Não há *base* para essas reivindicações.
That is my *basis* for saying so.se	Essa é a minha *base* para dizer isso.

507. *boyfriend/namorado*

Her *boyfriend* looks younger than her.	O *namorado* dela parece mais jovem que ela.
Look at her *boyfriend*!	Olhe para o *namorado* dela!
Her *boyfriend* is very handsome.	O *namorado* dela é muito bonito.

508. *deal/lidar-acordo*

Let us *deal* with the problem	*Vamos lidar* com o problema

I have a lot to deal with	Tenho muito o que *lidar*
A *deal* is a *deal*	Um *acordo* é um *acordo*

509. *direction/direção*

Can you please give the proper *direction*?	Você pode, por favor, dar a *direção* correta?
Your career is in the right *direction*.	Sua carreira está na *direção* certa.
The man goes in the wrong *direction*	O homem vai na *direção* errada

510. *mean/ significar*

I don't *mean* that	Não quero dizer isso
What does it *mean*?	O que isso *significa*?
What I *mean* is this.	O que quero dizer é isso.

511. *primary/primário*

The *primary* goal is to win the match.	O objetivo *primário* é vencer a partida.
The kid was admitted in the *primary* school.	O garoto foi admitido na escola *primária*.
I need the *primary* school textbooks	Preciso dos livros didáticos da escola *primária*

512. *space/espaço*

Traveling to *space* was his childhood dream	Viajar para o *espaço* era seu sonho de infância
She was the first woman in *space*.	Ela foi a primeira mulher no*espaço*.
Laika was the first dog in *space*.	Laika foi o primeiro cachorro no *espaço*.

513. *strategy/estratégia*

What is your *strategy* for this match?	Qual é a sua *estratégia* para esta partida?
He has a *strategy* to defend the bridge.	Ele tem uma *estratégia* para defender a ponte.
He decided to adopt a defensive *strategy*	Ele decidiu adotar uma *estratégia* defensiva

514. *technology/tecnologia*

The developed countries have *technology*	Os países desenvolvidos têm *tecnologia*
Technology made life simpler.	A *tecnologia* tornou a vida mais simples.
This is the latest *technology* for agriculture	Esta é a mais recente *tecnologia* para a agricultura

515. *worth/valor*

The watch is definitely not *worth* the price	O relógio definitivamente não *vale* o preço
I think it is *worth* a try.	Eu acho que *vale* a pena tentar.
New York is *worth* visiting.	*Vale* a pena visitar Nova York.

516. *army/exército*

The US *Army* is well equipped	O *exército* dos EUA está bem equipado
They used the *army* to restore peace	Eles usaram o *exército* para restaurar a paz
If you join the *army* you serve the nation.	Se você se juntar ao *exército*, você serve à nação.

517. *camera/câmera*

I need to buy a digital *camera*	Preciso comprar uma *câmera* digital
The *camera* fell from his hand and broke	A *câmera* caiu da mão dele e quebrou
Jack bought a new Nikon *camera*.	Jack comprou uma nova *câmera* Nikon.

518. *fall/ queda-outono*

She was injured in the *fall*.	Ela se machucou em uma *queda*.
We moved to New York last *fall*.	Nós nos mudamos para Nova York no *outono* passado.
Leaves begin to *fall* in October.	As folhas começam a *cair* em outubro.

519. *freedom/liberdade*

The nation gained *freedom* in1945	A nação ganhou *liberdade* em 1945
The prisoner was given his *freedom*.	O prisioneiro teve sua *liberdade*.
The man yearned for *freedom*	O homem ansiava por *liberdade*

520. *paper/papel*

I need some *paper*.	Preciso de *papel*.
I want some *paper*.	Eu quero *papel*.
Paper burns easily.	O *papel* queima com facilidade.

521. *rule/regra*

You broke the *rule*.	Você quebrou a *regra*.
This *rule* has no exceptions.	Essa *regra* não tem exceções.
Will you explain the *rule* to me?	Você vai me explicar a *regra*?

522. *similar/similar*

We are very *similar*.	Somos muito *similares*.
Your problem is *similar* to mine.	Seu problema é *similar* ao meu.

I saw a *similar* painting somewhere else.	Eu vi uma pintura *similar* em outro lugar.

523. *stock/estoque*

We run out of *stock*	Ficamos sem estoque
We are out of *stock*.	Não temos no *estoque*.
What made you buy that *stock*?	O que fez você comprar esse estoque?

524. *weather/clima*

The *weather* looks fine today.	O *clima* está bom hoje.
The *weather* stayed bad.	O *clima* ficou ruim.
I am sick of this hot *weather*.	Estou farto deste *clima* quente.

525. *yet/ainda-já*

Has he come *yet*?	Ele *já* chegou?
I am ready *yet*.	Ainda não estou pronto.
Have you fed the dog *yet*?	Você *já* alimentou o cachorro?

526. *bring/trazer*

Please *bring* the books with you.	Por favor, *traga* os livros com você.
Tom should *bring* the pen he took yesterday.	Tom deve *trazer* a caneta que ele pegou ontem.
I will *bring* the food, don't worry.	Vou *trazer* a comida, não se preocupe.

527. *chance/chance*

He has a genuine *chance* of qualification.	Ele tem uma *chance* genuína de qualificação.

| There is a chance to met him | Há uma *chance* de conhecê-lo |
| There is still a *chance*. | Ainda há uma *chance*. |

528. *environment/ambiente*

We must protect the *environment*.	Devemos proteger o meio *ambiente*
We live in the *environment*	Vivemos no meio *ambiente*
This is bad for the *environment*.	Isso é ruim para o meio *ambiente*.

529. *everyone/todos*

Everyone likes her	*Todos* gosta dela.
Everyone loves him	*Todos* o amam.
He is known to *everyone*	Ele é conhecido por *todos*

530. *figure/figura*

That girl had had a nice *figure*.	Aquela garota tinha uma boa *figura*.
They were *figures* in a landscape.	Eles eram *figuras* em uma paisagem.
Jill has a very attractive *figure*.	Jill tem uma *figura* muito atraente.

531. *improve/melhorar*

You need to *improve* your handwriting.	Você precisa *melhorar* sua caligrafia.
Maybe his mood will *improve* today.	Talvez o humor dele *melhore* hoje.
These medicines will *improve* his condition.	Estes medicamentos irão *melhorar* sua condição.

532. *man/homem*

The *man* looks very angry.	O *homem* parece muito zangado.
Look at that *man*!	Olhe aquele *homem*!
The *man* slowly walked towards outside	O *homem* caminhou lentamente para fora

533. *model/modelo*

He is a famous *model*.	Ele é um *modelo* famoso.
Are you a *model* ?	Você é *modelo*?
Mary is a renowned *model*.	Maria é uma *modelo* renomada.

534. *necessary/necessário*

I will come *if* necessary.	Eu irei *se* necessário.
It is *necessary* for you to go.	É *necessário* que você vá lá.
It has been *necessary* to get a loan.	Foi *necessário* obter um empréstimo.

535. *positive/positivo*

The players sounded very *positive*	Os jogadores pareciam muito *positivos*
You should always have a *positive* attitude	Você deve sempre ter uma atitude *positiva*
Always be *positive* before an exam.	Seja sempre *positivo* antes de um exame.

536. *produce/produzir*

England imports Spanish *produce*.	A Inglaterra importa *produção* espanhola.
These fields *produce* fine crops.	Esses campos *produzem* colheitas finas.
We cannot *produce* without raw materials	Não podemos *produzir* sem matérias-primas

537. *search/buscar*

The police initiated *search* operations	A polícia iniciou operações de *busca*
Our *search* did not last long.	Nossa *busca* não durou muito.
A *search* of the building needs to be done	É necessário fazer uma *busca* no prédio

538. *source/fonte*

What is the *source* of your information?	Qual é a *fonte* da sua informação?
Never reveal your *source* to anybody.	Nunca revele sua *fonte* para ninguém.
The river flows freely from its *source*	O rio flui livremente de sua *fonte*

539. *beginning/início-começo*

I missed the *beginning* of the film.	Eu perdi o *começo* do filme.
The *beginning* of the book is a bit boring.	O *início* do livro é um pouco chato.
The *beginning* of the film is awesome	O *começo* do filme é incrível

540. *child/criança*

We adopted a *child*.	Nós adotamos uma *criança*.
Are you the only *child*?	Você é a única *criança*?
I am no longer a *child*.	Eu não sou mais *criança*.

541. *earth/terra*

The *earth* is round.	A *Terra* é redonda.
He is the richest man on *earth*.	Ele é o homem mais rico da *Terra*.
I am the happiest man on *earth*.	Eu fui o homem mais feliz na *terra*.

542. *else/outra-mais*

Please ask someone *else*.	Por favor, peça a *outra 2pessoa*.
There is not anybody *else*.	Não há *mais* ninguém.
Who *else* came to the party?	Quem *mais* veio à festa?

543. *healthy/saudável*

I am *healthy*.	Eu sou *saudável*.
He looks *healthy*.	Ele parece *saudável*.
I had a *healthy* breakfast.	Tomei um café da manhã *saudável*.

544. *instance/instância-exemplo*

There has been no such *instance* in the past.	Não houve esse *exemplo* no passado.
For *instance*, he hit many people	Por *exemplo*, ele atingiu muitas pessoas
For *instance*, I don't think it was a mistake	Por *exemplo*, não acho que tenha sido um erro

545. *maintain/manter*

We should make efforts to *maintain* peace	Devemos fazer esforços para *manter* a paz
I *maintain* that I am not to blame	*Eu mantenho* que não tenho culpa
He is trying to *maintain* 2 jobs.	Ele está tentando *manter* dois empregos.

546. *month/mês*

I moved last *month*.	Eu me mudei *mês* passado.
I will see you next *month*.	Vejo você no próximo *mês*.
We are moving next *month*.	Vamos nos mudar no próximo *mês*.

547. *present/presente*

He accepted my *present*.	Ele aceitou meu *presente*.
She gave him a *present*.	Ela lhe deu um *presente*.
Forty people were *present*.	Quarenta pessoas estavam *presentes*.

548. *program/programa*

He developed a software *program*	Ele desenvolveu um *programa* de software
The schedule of the *program* was released	O cronograma do *programa* foi divulgado
The *program* is already on the air	O *programa* já está no ar

549. *spend/passar-gastar*

How did you *spend* your vacation?	Como você *passou* suas férias?
Do you *spend* much time writing?	Você *passa* muito tempo escrevendo?
How much money did you *spend*?	Quanto dinheiro você *gastou*?

550. *talk/conversar*

They stopped to *talk*.	Eles pararam para *conversar*.
Can we *talk* in private?	Podemos *conversar* em particular?
Do you *talk* to your dog?	Você *conversa* com seu cachorro?

551. *truth/verdade*

Tell me the *truth*.	Diga-me a *verdade*.
Did he tell you the *truth*?	Ele te disse a *verdade*?
That is the absolute *truth*.	Isso é a mais absoluta *verdade*.

552. *upset/bravo*

I was *upset* after the results.	Fiquei *bravo* com os resultados.
I am afraid I have an *upset* stomach.	Receio que meu estômago esteja *bravo*.
Tom looks very *upset*.	Tom parece muito *bravo*.

553. *begin/começar*

Let us *begin*.	*Vamos* começar.
When does it *begin*?	Quando *começa*?
Let us *begin* on page 30.	*Vamos começar* na página 30.

554. *chicken/frango*

She bought *chicken*.	Ela comprou *frango*.
I do not eat *chicken* skin.	Eu não como pele de *frango*.
I saw the man feed his chicken	Eu vi o homem alimentar sua galinha

555. *close/fechar*

Close your book.	*Feche* seu livro.
Close your eyes.	*Feche* seus olhos.
Please *close* the door.	Por favor *,feche* a porta.

556. *creative/criativo*

Jim is very *creative*.	Jim é muito *criativo*.
You need to have a *creative* mind	Você precisa ter uma mente *criativa*
This work of art looks very *creative*.	Esta obra de arte parece muito *criativa*.

557. *design/desenho*

The *design* of the building is almost flawless.	O *desenho* do prédio é quase perfeito.
Tom does not like the *design* at all.	Tom não gosta do *desenho*.
I am studying web *design*.	Estou estudando web *design*.

558. *feature/característica*

The most important *feature* is this.	A *característica* mais importante é essa.
Google introduced a new *feature*	Google introduziu uma nova *característica*
What is the main *feature*?	Qual é a principal *característica*?

559. *financial/financeiro*

I need *financial* advice.	Eu preciso de aconselhamento *financeiro*.
Tom is facing *financial* problems.	Tom está enfrentando problemas *financeiros*.
Tom needs *financial* help.	Tom precisa de ajuda *financeira*.

560. *head/cabeça*

The *head* of the company will talk today	O *cabeça* da empresa vai falar hoje
Jim believes he is the *head* of the family	Jim acredita que ele é o *cabeça* da família
The *head* of the institution broke the news	O *cabeça* da instituição deu a notícia

561. *marketing/marketing.*

Jim has joined a *marketing* company	Jim ingressou em uma empresa de *marketing*
The product needs *marketing*	O produto precisa de *marketing*
You should study *marketing*	Você deveria estudar *marketing*

562. *material/material*

The *material* is of very high quality.	O *material* é de altíssima qualidade.
I have enough *materials* to build	Eu tenho *materiais* suficientes para construir
Use lighter *materials* to construct	Use *materiais* mais leves para construir

563. *medical/médico*

Many people have no *medical* insurance.	Muitas pessoas não têm seguro *médico*.
The *medical* board will have a meeting	O conselho *médico* terá uma reunião
Did you take the *medical* exam?	Você fez o exame *médico*?

564. *purpose/propósito*

What is the *purpose* of your visit?	Qual é o *propósito* da sua visita?
The boy came for an unknown *purpose*.	O garoto veio com um *propósito* desconhecido.
The *purpose* of the machine is interesting	O *propósito* da máquina é interessante

565. *question/questão*

You should not *question* his abilities.	Você não deve *questionar* suas habilidades.
I answered all the *questions*	Eu respondi todas as *questões*
How dare you *question* my decision?	Como você ousa *questionar* minha decisão?

566. *rock/pedra-rock*

I love *rock*.	Eu gosto de *rock*.
Tom is trying to lift that *rock*.	Tom está tentando levantar essa *pedra*.

The big *rock* looks like a castle from afar	A *pedra* grande parece um castelo de longe

567. *salt/sal*

The *salt* company is closing down	A empresa de *sal* está fechando
Do not add *salt* in your dishes.	Não adicione *sal* nos seus pratos.
High *salt* level in the body is unhealthy	Alto nível de *sal* no corpo não é saudável

568. *tell/dizer-contar*

When time comes, I will *tell* a secret.	Quando chegar a hora, vou *contar* um segredo.
Do not *tell* lies unnecessarily.	Não *conte* mentiras desnecessariamente.
Tell me your name?	*Diga*-me o seu nome?

569. *themselves/eles mesmos*

They blamed *themselves* for being wrong.	Eles culparam *eles mesmos* por estarem errados.
They helped *themselves* to the medicine.	Eles serviram a *eles mesmos o remédio.*
They are going to get *themselves* killed.	Eles vão matar a *eles mesmos.*

570. *traditional/tradicional*

The family follows *traditional* values.	A família segue valores *tradicionais.*
The festival has a *traditional* touch	O festival tem um toque *tradicional*
The girl belongs to a *traditional* family	A menina pertence a uma família *tradicional*

571. *university/universidade*

Jim will get admitted in the *university*.	Jim será admitido na *universidade*.
The professors in the *University* are good	Os professores da *Universidade* são bons
I will start working in the *university*.	Vou começar a trabalhar na *universidade*.

572. *writing/escrita*

The *writing* is on the wall.	A *escrita* está na parede.
Your *writing* has a very high standard.	Sua *escrita* tem um padrão muito alto.
Essay *writing* may improve your grammar.	A *escrita* pode melhorar sua gramática.

573. *act/ato-agir*

Try to *act* your age.	Tente *agir* de acordo com a sua idade.
I will *act* on your advice.	Vou *agir* de acordo com o seu conselho.
I will *act* as a guide for you.	Vou *agir* como um guia para você.

574. *article/artigo*

This *article* needs to be published tomorrow.	Este *artigo* precisa ser publicado amanhã.
The *article* is not controversial.	O *artigo* não é controverso.
Carry the *article* with you to the office.	Leve o *artigo* com você para o escritório.

575. *birth/nascimento*

Do you know Jack's date of *birth*?	Você sabe a data de *nascimento* de Jack?
Do you have your *birth* certificate	Você tem sua certidão de *nascimento*?
Tha baby birth date was yesterday	A data de *nascimento* do bebê foi ontem

576. *car/carro*

Jill bought a brand new *car*	Jill comprou um *carro* novo
Can you park the *car* in our garage?	Você pode estacionar o *carro* em nossa garagem?
I need to hire a *car* for tomorrow.	Eu preciso alugar um *carro* para amanhã.

577. *cost/custo*

What would be the *cost* of this carpet?	Qual seria o *custo* desse tapete?
Who will bear the *cost* of this damage?	Quem arcará com o *custo* desse dano?
The *cost* of this furniture is too high	O *custo* desses móveis é muito alto

578. *department / departamento*

The *department* is very big	O *departamento* é muito grande
The *department is located* in the University	O *departamento* está localizado na Universidade
You must inform the concerned *department*	Você deve informar o *departamento* em questão

579. *difference/diferença*

What *difference* does it make?	Que *diferença* isso faz?
There is a *difference*.	Há uma *diferença*.
I know the *difference*.	Eu sei a *diferença*.

580. *dog/cachorro*

I saw a *dog*.	Eu vi um *cachorro*.
I have a *dog*.	Eu tenho um *cachorro*.
What a big *dog*!	Que *cachorro* grande!

581. *drive/dirigir*

She managed to *drive* a car	Ela conseguiu *dirigir* um carro
It is my turn to *drive*	É a minha vez de *dirigir*
I advised him not to *drive*.	Eu o aconselhei a não *dirigir*.

582. *exist/existir*

Does God *exist*?	Deus *existe*?
I need to know if such law really *exists*	Eu preciso saber se essa lei realmente *existe*
You don't even *exist* in my dreams.	Você nem *existe* nos meus sonhos.

583. *federal/federal*

Homicide is a *federal* crime	Homicídio é crime *federal*
The *federal* unit has made some changes.	A unidade *federal* fez algumas mudanças.
You need to approach the *federal* court	Você precisa se aproximar do tribunal *federal*

584. *goal/meta*

He reached his *goal*.	Ele alcançou sua *meta*.
He achieved his *goal*.	Ele atingiu sua *meta*.
He attained his *goal*.	Ele atingiu sua *meta*.

585. *green/verde*

She hates *green* peppers.	Ela odeia pimentão *verde*.
We painted the house *green*.	Nós pintamos a casa de *verde*.

| A comida do cachorro está disponível aqui | A comida para cachorro está disponível aqui |

586. *late/tarde-atrasado*

It is *late* already	Já é *tarde*
You are *late*.	Você está *atrasado*.
She is always *late* for school.	Ela está sempre *atrasada* para a escola.

587. *news/notícias*

Jack had been in the *news* recently	Jack tinha sido *notícia* recentemente
Did you watch the *news*?	Você assistiu as *notícias*?
I hardly get time to see the *news*.	Mal tenho tempo para ver as *notícias*.

588. *object/objeto*

He hit me with a sharp *object*.	Ele me bateu com um *objeto* afiado.
The *object* is on the table	O *objeto* está sobre a mesa
The object is now in space	O objeto está agora no espaço

589. *scale/escala-balança*

Step on the *scale*.	Pise na *balança*.
What is the scale of the disaster?	Qual é a escala do desastre?
Please put it on the *scale*.	Por favor, coloque-o na *balança*.

590. *sun/sol*

| The *sun* has gone down. | O *sol* se pôs. |
| The *sun* shone brightly. | O *sol* brilhava intensamente. |

The *sun* is up.	O *sol* saiu.

591.*support/apoiar*

I came to *support* Tom.	Eu vim *apoiar* o Tom.
Thanks for the *support*.	Obrigado pelo *apoio*.
Jill needs your *support*.	Jill precisa do seu *apoio*.

'592. *Tend/tender*

I *tend* to agree.	*Tendo* a estar de acordo
I *tend* to make mistakes.	*Eu tendo* a cometer erros.
I *tend* to agree with Patricia.	*Eu tendo* a concordar com Patricia.

593. *thus/assim*

Thus, making the merger was impossible.	*Assim*, fazer a fusão era impossível.
Thus, they stood until everything was read	*Assim*, eles ficaram até que tudo foi lido
He *thus* became the Mayor.	Ele se tornou *assim* o prefeito.

594. *audience/audiência*

We had a large *audience*	Tivemos uma grande *audiência*
The *audience* was deeply affected	A *audiência* foi profundamente afetada
The *audience* clapped a long time	A *audiência* bateu palmas por um longo tempo

595. *enjoy/desfrutar-apreciar*

We *enjoy* talking	*Nós* apreciamos a conversa.

| How did you *enjoy* the movie? | Você *apreciou* do filme? |
| Swimming is one thing I *enjoy* | Nadar é uma coisa que eu *aprecio* |

596. *entire/todo-inteiro*

They spent the *entire* day on the beach.	Passaram o dia *inteiro* na praia.
The *entire* day was wasted due to rains.	*O dia* inteiro foi desperdiçado devido às chuvas.
I need a photocopy of the *entire* chapter.	Eu preciso de uma fotocópia do capítulo *inteiro.*

597. *fishing/pescar*

My father went *fishing.*	Meu pai foi *pescar.*
I suggested that we go *fishing.*	Sugeri que fôssemos *pescar.*
When I was a child I used to go *fishing*	Quando eu era criança, costumava *pescar*

598. *fit/em forma-caber*

Her camera doesn´t *fit* in her pocket.	A câmera dela não *cabe* no bolso.
You need trousers that you will fit you	Você precisa de calças que *cabem em você*
Tom does not fit in the bed	Tom não cabe na cama

599. *glad/feliz*

I am *glad* that Jill got the job.	Fico *feliz* que Jill conseguiu o emprego.
I am *glad* to see you.	Fico *feliz* em vê-lo.
I am *glad* to hear that.	Fico *feliz* em ouvir isso.

600. *growth/crescimento*

Tom shows a good *growth*	Tom mostra um bom *crescimento*
The boy observed her *growth*	O garoto observou seu *crescimento*
Economic *growth* is very important	O *crescimento* econômico é muito importante

RANKING: 601–700
The 1000 most used Portuguese words

601. income renda	602. marriage casamento	603. note notar	604. perform realizar	605. profit lucro
606. proper apropriado	607. related relacionado	608. remove remover	609. rent alugar	610. return retornar
611. run correr	612. speed velocidade	613. strong forte	614. style estilo	615. throughout ao longo
616. user usuário	617. war guerra	618. actual real	619. appropriate apropriado	620. bank banco
621. combination combinação	622. complex complexo	623. content contente	624. craft artesanato	625. due devido
626. easily facilmente	627. effective efetivo	628. eventually finalmente	629. effective efetivo	630. failure falha
631. half meia	632. inside dentro	633. meaning significado	634. medicine medicina	635. middle meio
636. outside fora	637. philosophy filosofia	638. regular regular	639. reserve reserva	640. standard padrão
641. bus ônibus	642. decide decidir	643. exchange intercâmbio	644. eye olho	645. fast rápido
646. fire fogo	647. identify identificar	648. independent independente	649. leave deixar	650. post enviar
651. position posição	652. pressure pressão	653. reach alcançar	654. rest descansar	655. serve servir
656. stress estresse	657. teacher professor	658. watch assistir	659. wide amplo	660. advantage vantagem
661. beautiful bonito	662. benefit benefício	663. box caixa	664. charge carga	665. communication comunicação
666. complete completo- inteiro	667. continue continuar	668. frame marco	669. issue problema	670. limited limitado

671. night noite	672. protect proteger	673. require requerir	674. significant significante	675. step passo
676. successful sucesso	677. unless a menos	678. active ativo	679. break romper-quebrar	680. chemistry química
681. cycle ciclo	682. disease doença	683. disk disco	684. electrical elétrico	685. energy energia
686. expensive caro	687. face rosto	688. interested interessado	689. item item	690. metal metal
691. nation nação	692. negative negativo	693. occur ocorrer	694. paint pintura	695. pregnant grávida
696. review revisar	697. road rodovia	698. role papel	699. room sala	700. safe seguro

601. *income/renda*

My *income* goes to pay the rent.	Minha *renda* vai pagar o aluguel.
My *income* is enough for my family.	Minha *renda* é suficiente para minha família.
You must pay the *income* taxes.	Você deve pagar o imposto de *renda.*

602. *marriage/casamento*

The *marriage* was held at a hotel	O *casamento* foi realizado em um hotel
You must attend the *marriage* party	Você deve comparecer à festa de *casamento*
The *marriage* procession already departed	A procissão do *casamento* já saiu

603. *note/nota*

Take a *note* of the lectures	Tome *nota* das palestras
I need to take a *note* of the expenses.	Eu preciso tomar *nota* das despesas.

Please *note* down the registration number,	Por favor, *anote* o número de registro.

604. *perform/realizar*

I have an operation to *perform*.	Eu tenho uma operação *a realizar*.
I would love to *perform* a show	Eu adoraria *realizar* um show
You need to *perform* 100 hours of service.	Você precisa *realizar* 100 horas de serviço.

605. *profit/lucro*

You made a *profit*.	Você obteve *lucro*.
I barely make any *profit* now.	Eu mal tenho *lucro* agora.
Tom shared the *profits*.	Tom compartilhou os *lucros*.

606. *proper/apropriado*

Wear a *proper* dress in the evening.	Use um vestido *apropriado* à noite.
You are not carrying *proper* papers.	Você não está carregando papéis *apropriados*.
The letter arrived in *proper* condition.	A carta chegou em boas *apropriadas*.

607. *related/relacionado*

These two boys seem to be *related*	Esses dois meninos parecem estar *relacionados*
Are you *related* to that man?	Você está *relacionado* a esse homem?
I don't think you are *related*	Eu não acho que você estão *relacionados*

608. *remove/remover*

Please *remove* the veil in the office	Por favor, *remova* o véu no escritório
Remove makeup before the interview	*Remova* a maquiagem antes da entrevista
You should *remove* all kind of jewelry	Você deve *remover* todos os tipos de jóias

609. *rent/alugar*

This room is for *rent*.	Este quarto é para *alugar*.
I would like to *rent* a car.	Eu gostaria de *alugar* um carro.
How much is the *rent* per month?	Quanto custa o *aluguel* por mês?

610. *return/retornar*

He has reached the point of no *return*.	Ele chegou ao ponto de não *retorno*.
You should *return* his watch now	Você deve *retornar* o relógio agora
I would like to *return* the books today.	Gostaria de *retornar* os livros hoje.

611. *run/correr*

I can *run*.	Eu sei *correr*.
He began to *run*.	Ele começou a *correr*.
He likes to *run*.	Ele gosta de *correr*.

612. *speed/velocidade-acelerar*

Speed it up.	*Acelere*.
He drove at full *speed*.	Ele dirigia a toda *velocidade*.
Speed thrills but kills.	A *velocidade* emociona, mas mata.

613. *strong/forte*

He is *strong*.	Ele é *forte*.
He has a *strong* alibi.	Ele tem um álibi *forte*.
My father likes *strong* coffee.	Meu pai gosta de café *forte*.

614. *style/estilo*

Look at her *style*!	Veja o *estilo* dela!
She showed her new dress in a unique *style*	Ela mostrou seu novo vestido em um *estilo* único
Her *style* and grace deserve praise.	Seu *estilo* e graça merecem elogios.

615. *throughout/ao longo*

He slept *throughout* the day.	Ele dormiu *ao longo* do dia.
He studied *throughout* the summer	Ele estudou *ao longo* do verão
I will work *throughout* the night.	Vou trabalhar *ao longo* da noite.

616. *user/usuário*

The *user* details will be changed	Os detalhes do *usuário* serão alterados
Who is the *user* of this workstation?	Quem é o *usuário* desta estação de trabalho?
The settings are *user* defined	As configurações são definidas pelo *usuário*

617. *war/guerra*

The *war* finished in 6 days	A *guerra* terminou em 6 dias
Iran and Iraq fought a *war* over 20 years	Irã e Iraque travaram uma *guerra* por 20 anos
The king decided to initiate a *war*	O rei decidiu iniciar uma *guerra*

618. *actual/real*

The *actual* test results may vary.	Os resultados *reais* podem variar.
What is your *actual* date of birth?	Qual a sua data de nascimento *real*?
Here the *actual* photocopy of the document	Aqui a fotocópia *real* do documento

619. *appropriate/apropriado*

His jokes were not *appropriate*	Suas piadas não eram *apropriadas*
His dress was not *appropriate*	O vestido dele não era *apropriado*
I could not find anything *appropriate*	Não encontrei nada *apropriado*

620. *bank/banco*

He went to the *bank*.	Ele foi ao *banco*.
Please go to the *bank*.	Por favor, vá ao *banco*.
My brother works in a *bank*.	Meu irmão trabalha em um *banco*.

621. *combination/combinação*

Buy a *combination* lock	Compre uma fechadura *combinada*
You need the correct color *combination*	Você precisa da *combinação* de cores correta
Do you know the right *combination* number	Você sabe o número certo de combinações?

622. *complex/complexo*

This is a very *complex* situation	Esta é uma situação muito *complexa*
The numerical problems are *complex*	Os problemas numéricos são *complexos*
Do not make it more *complex* than what it is.	Não a torne mais *complexa* do que é.

623. *content/contente*

I am *content* with the rate of progress.	Estou *contente* com a taxa de progresso.
Are you *content* with the answer?	Você está *contente* com a resposta?
Be *content* with what you have.	Esteja *contente* com o que você tem.

624. *craft/artesanato*

The *craft* class will start tomorrow.	A aula de *artesanato* começará amanhã.
The required *craft*s are very complex	Os *artesanatos* necessários são muito complexos
This *craft* will be of help	Este *artesanato* ajudará

625. *due/ vencimento-devido*

The books are *due* next Monday.	Os livros são devidos na próxima segunda-feira.
In your credit card of five dollars are *due* .	No seu cartão de crédito, são devidos cinco dólares.
Jack got his *dues* .	Jack recebeu suas dívidas.

626. *easily/facilmente*

Brazil *easily* defeated Germany	Brasil venceu *facilmente* a Alemanha
You can *easily* answer these questions.	Você pode *facilmente* responder a essas perguntas.
You can *easily* reach there in 10 min.	Você pode chegar *facilmente* lá em 10 minutos.

627. *effective/efetivo*

Antibiotics are very *effective*	Antibióticos são muito *efitivos*

147

Effective leadership is not about speeches	Liderança *efetiva* não é sobre discursos
Sleeping well is *effective* to have a rest	Dormir bem é *efetivo* para descansar

628. *eventually/eventualmente*

Tom will forgive her *eventually*.	Tom a perdoará *eventualmente*.
I knew Jack would show up *eventually*.	Eu sabia que Tom apareceria *eventualmente*.
You are going to find out *eventually*.	Você vai descobrir *eventualmente*.

629. *exactly/exatamente*

It is *exactly* half-past eight.	São *exatamente* oito e meia.
Tell me *exactly* where he lives.	Diga-me *exatamente* onde ele mora.
He described *exactly* what happened.	Ele descreveu *exatamente* o que aconteceu.

630. *failure/falha*

Tom blames his *failure* of bad luck.	Tom culpa suas *falhas* a má sorte.
The city suffered a power *failure*.	A cidade sofreu uma *falha* de energia.
This was a massive *failure* government.	Este foi um governo falho em massa.

631. *half/metade-meia*

I can do it in *half* the time.	Posso fazer na *metade* do tempo.
It is almost *half* past eleven.	São quase onze e *meia*.
Half the students did not come	*Metade* dos estudantes não compareceu

632. *inside/dentro*

They walked *inside*.	Eles andaram para *dentro*.

| They peered *inside*. | Eles espiaram por *dentro*. |
| Please step *inside*. | Por favor, para *dentro*. |

633. *meaning/significado*

What is the *meaning* of all this?	O que *significa* isso tudo?
I don't understand the *meaning*	Não entendo o *significado*
The *meaning* of this letter in unclear	O *significado* desta carta não está claro

634. *medicine/remédios*

I have to take the *medicine*	Eu preciso tomar *remédios*.
This *medicine* tastes bitter	Esse *remédio* tem um gosto amargo.
Take this *medicine* every day	Tome este *remédio* todos os dias

635. *middle/meio*

The girl in the *middle* is beautiful.	A garota do *meio* é linda.
Don't point your *middle* finger to anybody.	Não aponte seu dedo do *meio* para ninguém.
Tom acted as a *middle* man	Tom agiu como um homem do *meio*

636. *outside/fora*

It is dark *outside*	Está escuro lá *fora*
It seems warm *outside*	Parece quente lá *fora*
Could we have a table *outside*?	Podemos ter uma mesa lá *fora*?

637. *philosophy / filosofía*

| Did you study *philosophy* in college? | Você estudou *filosofia* na faculdade? |

What is his *philosophy* of life?	Qual é a sua *filosofia* de vida?
I need to check the *philosophy* questions	Eu preciso verificar as questões de *filosofia*

638. *regular/regular*

The boy had been very *regular*	O garoto tinha sido muito *regular*
Jill must get *regular* physical training.	Jill deve receber treinamento físico *regular*.
Does she go *regularly* to the karate classes?	Ela frequenta *regularmente* as aulas de karatê?

639. *reserve/reservar*

I would like to *reserve* a seat.	Eu gostaria de *reservar* um assento.
I would like to *reserve* a seat on this bus.	Eu gostaria de *reservar* um assento neste ônibus.
I would *reserve* a table for six	Eu *reservaria* uma mesa para seis

640. *standard/padrão*

The *standard* of education is vey high	O *padrão* de educação é muito alto
The *standard* of living went down	O *padrão* de vida caiu
Jill is now out of standard *standard* 10.	Jill agora está fora do *padrão 10*.

641. *bus/ônibus*

Take a *bus*.	Pegue um *ônibus*.
He came by *bus*.	Chegou de *ônibus*.
Let us go by *bus*.	Vamos de *ônibus*.

642. *decide/decidir*

150

It is up to you to *decide* what to do.	É você que deve *decidir* o que fazer.
You must *decide* the mode of transport	Você deve *decidir* o modo de transporte
Decide on your future before it is late.	*Decida* o seu futuro antes que seja tarde.

643. *exchange/intercâmbio-troca*

Tom was an ex*change* student	Tom era um estudante de *intercâmbio*
There was an *exchange* of prisoners	Houve *troca* de prisioneiros
Tom is dating an *exchange* student	Tom está namorando um estudante de *intercâmbio*

644. *eye/olho*

There is a large *eye* hospital in London.	Há um grande hospital de *olho* em Londres.
The surgery on the left *eye* was successful.	A cirurgia no *olho* esquerdo foi bem sucedida.
In the storm keep your *eyes* closed.	Na tempestade, mantenha seus *olhos* fechados.

645. *fast/rápido*

Lynn runs *fast*.	Lynn corre *rápido*.
My pulse is *fast*.	Meu pulso está *rápido*.
Tom can run very *fast*.	Tom pode correr *rápido*.

646. *fire/fogo*

Do not play with *fire*.	Não brinque com *fogo*.
The *fire* is now on	O *fogo* está agora aceso
He extinguished the *fire*.	Ele extinguiu o *fogo*.

647. *identify/identificar*

Can you *identify* the criminal?	Você consegue *identificar* o criminoso?
It is very easy to *identify* the boys.	É muito fácil *identificar* os meninos.
Can you *identify* the man?	Você pode *identificar* o homem?

648. *independent/independente*

The country became *independent* today	O país tornou-se *independente* hoje
Ireland is now an *independent* nation.	A Irlanda é agora uma nação *independente*.
I want be *independent* in my life.	Eu quero ser *independente* na minha vida.

649. *leave/deixar*

I will *leave* you for a long time	Vou *deixar* você por um longo tempo
When did you *leave* office?	Quando você *deixou* o escritório?
I need to speak to her before I *leave*.	Eu preciso falar com ela antes de *sair*.

650. *post/posto*

Tom reached the top *post* in his company.	Tom alcançou o *posto* principal de sua empresa.
The minister was removed from the *post*	O ministro foi removido do *posto*
The *post* is still available	A *posto* ainda está disponível

651. *position/posição*

What *position* do you play?	Em que *posição* você joga?
I have made my *position* clear.	Deixei bem clara a minha *posição*.

Take your *position*.	Tome sua *posição*.

652. *pressure/pressão*

I have high blood *pressure*.	Eu tenho *pressão* alta.
If bleeding, put *pressure* on the wound.	Se sangrar, *pressione a ferida*.
The water *pressure* burst the pipe	A *pressão* da água estourou o cano

653. *reach/alcançar*

Can you *reach* the ceiling?	Você *alcança* o teto?
The ball is out of his *reach*	A bola está fora do seu *alcance*
You must *reach* the train	Você deve *alcançar* o trem

654. *rest/descansar*

Let us *rest* here	Vamos *descansar* aqui
May I take a *rest*?	Posso *descansar*?
I had a good night's *rest*	Eu tive uma boa noite de *descanso*

655. *serve/servir*

Please *serve* the drinks inmediatamente	Por favor, *sirva* as bebidas imediatamente
You should always *serve* with a smile.	Você deve sempre *servir* com um sorriso.
To *serve* in a restaurant is a skill	*Servir* em um restaurante é uma habilidade

656. *stress/estresse*

Jim is under huge *stress*	Jim está sob enorme *estresse*
Aerobics relieves *stress*	Aeróbica alivia o *estresse*

| Do not take too much *stress* | Não fique muito *estressado* |

657. *teacher/professor*

He is a *teacher*.	Ele é um *professor*
I was a *teacher*.	Eu era um *professor*.
My father is a *teacher*.	Meu pai é *professor*.

658. *watch/relógio*

The *watch* looks very beautiful	O *relógio* é muito bonito
He always wears a Rolex *watch*	Ele sempre usa um *relógio* Rolex
The leather strap of the *watch* is broken	A pulseira de couro do *relógio* está quebrada

659. *wide/amplo*

The road leading to the house is very *wide*.	A estrada que leva à casa é muito *ampla*.
Our knowledge is very *wide*	Nosso conhecimento é muito *amplo*
The river coast is *wide*	A costa do rio é *ampla*

660. *advantage/vantagem*

The boy had a distinct *advantage* over Tom	O garoto tinha uma *vantagem* distinta sobre Tom
Always take *advantage* of any situation	Sempre tire *vantagem* de qualquer situação
Italy enjoyed the home *advantage*	A Itália aproveitou a *vantagem* em casa

661. *Beautiful/bonito*

| Jill is very *beautiful*. | Jill é muito *bonita*. |

The lake looks *beautiful* from a distance.	O lago parece *bonito* à distância.
Cheryl has *beautiful* hair.	Cheryl tem um cabelo *bonito*.

662. *benefit/benefício*

The umpire granted the *benefit* of doubt.	O árbitro concedeu o *benefício* da dúvida.
This is for your *benefit*.	Isto é para seu *benefício*.
This law will *benefit* the poor.	Esta lei *beneficiará* os pobres.

663. *box/caixa*

How do you make a *box*?	Como você faz uma *caixa*?
This *box* contains apples.	Esta *caixa* contém maçãs.
Why did you open the *box*?	Por que você abriu a *caixa*?

664. *charge/carga-cobrança*

Food and drinks is free of *charge*.	Alimentos e bebidas são livres de *cobranças*.
Charge it to my account.	*Cobre* na minha conta.
Do you *charge* for delivery?	Você *cobra* pela entrega?

665. *communication/comunicação*

The *communication* has improved a lot.	A *comunicação* melhorou muito.
The *communication* towers are high	As torres de *comunicação* são altas
You need to improve your *communication*	Você precisa melhorar sua *comunicação*

666. *complete/completo*

The project is *complete*	O projeto está *completo*

Jill should *complete* his work first	Jill deve *completar* seu trabalho primeiro
Did you *complete* the work?	Você *completou* o trabalho?

667. *continue/continuar*

I cannot *continue* on this project	Não posso *continuar* neste projeto
You must *continue* on your journey	Você deve *continuar* sua jornada
Please *continue* with your work.	Por favor, *continue* com seu trabalho.

668. *frame/marco-moldura*

The photo *frame* was broken	A *moldura* da foto estava quebrada
Please *frame* this lovely photo	Por favor, faça um *moldura* para esta foto linda
The door *frame* will be changed	A *moldura* da porta será alterada

669. *issue/problema*

This *issue* needs to be solved now	Esse *problema* precisa ser resolvido agora
This *issue* is blown out of proportions	Esse *problema* está fora de proporção
This is no *issue* at all.	Isso não é *problema*.

670. *limited/limitado*

They serve food in *limited* quantities	Eles servem comida em quantidades *limitadas*
The calls are *limited* to one minute	As chamadas são *limitadas* a um minuto
The internet speed is 4 Mbps only.	A velocidade da internet é de apenas 4 Mbps.

671.*night/noite*

It happened during the *night*	Aconteceu durante a *noite*
How was your *night*?	Como foi a sua *noite*?
I stayed up all *night*.	Ele ficou acordado a *noite* inteira.

672. *protect/proteger*

Tom must *protect* his younger brother	Tom deve *proteger* seu irmão mais novo
The government must *protect* the species.	O governo deve *proteger* as espécies.
We will *protect* you.	Nós a *protegeremos*.

673. *require/precisar*

You *require* a new pair of shoes.	Você *precisa* de um novo par de sapatos.
I *require* a new set of books	*Eu preciso* de um novo conjunto de livros
I think I *require* a new golf club.	Eu acho que *preciso* de um novo clube de golfe.

674. *significant/significativo*

This deal is very *significant* for country	Este acordo é muito *significativo para o país*
What you did there was very *significant*	O que você fez lá foi muito *significativo*
Today is a *significant* day in my life	Hoje é um dia *significativo* na minha vida

675. *step/passo-degrau*

Watch your *step*.	Cuidado com o *degrau*.
Please *step* aside.	Por favor, um *passo* para trás.
Do not *step* on the broken glass.	Não *pise* no vidro quebrado.

676. *successful/bem sucedido*

The concert was *successful*.	O concerto foi *bem sucedido*.
They won't be *successful*.	Eles não serão *bem sucedidos*.
Tom seemed *successful*.	Tom parecia *bem sucedido*.

677. unless/a menos

Unless you come to the show, I will sing.	*A menos* que você venha ao show, eu cantarei.
I'll be angry *unless* you attend my wedding,	Eu vou ficar com raiva, *a menos* que você compareça ao meu casamento.
Unless you come to my house, I will not eat.	*A menos* que você venha à minha casa, eu não vou comer.

678. active/ativo

The baby is very *active* in nature.	O bebê é muito *ativo* na natureza.
You must remain *active* throughout the day.	Você deve permanecer *ativo* durante o dia.
You must lead an *active* lifestyle	Você deve levar um estilo de vida *ativo*

679. break/quebrar

You need to play games to *break* monotony.	Você precisa jogar para *quebrar* a monotonia.
Put the glass on the table without breaking it	Coloque o copo sobre a mesa sem *quebrá-lo*
If you *break* it you pay it	Se você *quebrar*, você paga

680. chemistry/química

You need to take *chemistry* lessons	Você precisa ter aulas de *química*
The questions on *chemistry* were tough.	As perguntas sobre *química* eram difíceis.

The *chemistry* between them was missing.	A *química* entre eles estava faltando.

681. *cycle/ciclo-*

Every work has a *cycle*	Todo trabalho tem um *ciclo*
My *cycle* is over	Meu *ciclo* acabou
The year has four cycles	O ano tem quatro ciclos

682. *disease/doença*

He died of the *disease*.	Ele morreu da *doença*.
Mumps is an infectious *disease*.	A caxumba é uma *doença* infecciosa.
The *disease* spreads very quickly.	A *doença* se espalha muito rapidamente.

683. *disk/disco*

The boy returned the floppy *disk*	O garoto devolveu o *disco*
The *disk* is now an obsolete item.	O *disco* agora é um item obsoleto.
You need a car with *disk* brakes.	Você precisa de um carro com freios a *disco*.

684. *electrical/elétrico*

The *electrical* wire broke in the storm.	O fio *elétrico* quebrou na tempestade.
She graduated as *electrical* engineer	Ela se formou em engenharia *elétrica*
You need to re-do the *electrical* wiring	Você precisa refazer a fiação *elétrica*

685. *energy/energia*

The *energy* is always available.	A *energia* está sempre disponível.
I need glucose to lift my *energy*.	Eu preciso de glicose para levantar minha

	energia.
Tom is always full of *energy*	Tom está sempre cheio de *energia*

686. *expensive/caro*

Tom gave her a very *expensive* watch	Tom deu a ela um relógio muito *caro*
The rooms at this hotel are *expensive*	Os quartos deste hotel são *caros*
This is a very *expensive* piece of jewelry	Esta é uma joia muito *cara*

687. *face/cara-rostro*

You must wash your *face* twice a day	Você deve lavar o *rosto* duas vezes por dia
The *face* mask was on the floor	A máscara *facial* estava no chão
Your *face* is smeared with dust	Seu *rosto* está manchado de poeira

688. *interested/interessado*

Are you *interested* in ancient history?	Você está *interessado* na história antiga?
Are you *interested* in the job?	Estás *interessada* no trabalho?
I am not *interested* in her at all.	Eu não estou *interessado* nela.

689. *item/item*

Did you pack that *item*?	Você embalou esse *item*?
The police collected each *item* as evidence.	A polícia coletou cada *item* como prova.
Did you clean the *item*?	Você limpou o *item*?

690. *metal/metal*

The *metal* rod pierced her body	A haste de *metal* perfurou seu corpo

The car is made with *metal*	O carro é feito de *metal*
The *metal* door needs to be cleaned	A porta de *metal* precisa ser limpa

691. *nation/nação*

Switzerland is known to be a neutral *nation*	A Suíça é conhecida por ser uma *nação* neutra
You must always love your *nation*	Você deve sempre amar sua *nação*
The *nation* should be protected	A *nação* deve ser protegida

692. *negative/negativo*

Tom has a *negative* approach	Tom tem uma abordagem *negativa*
Do you harbor *negative* thoughts.	Você abriga pensamentos *negativos*.
Did you bring the *negative* with you?	Você trouxe o *negativo* com você?

693. *occur/ocorrer*

Did this idea *occur* to you?	Esta ideia lhe *ocorreu*?
The meeting should *occur* within 2 days.	A reunião deve *ocorrer* dentro de 2 dias.
How did it *occur* to you?	Como isso *ocorreu* com você?

694. *paint/pintura*

The exterior *paint* has come off.	A *pintura* externa saiu.
You need to *paint* the bedrooms!	Você precisa *pintar* os quartos!
The *paint* is of inferior quality.	A *pintura* é de qualidade inferior.

695. *pregnant/grávida*

My wife became *pregnant* again	Minha esposa ficou *grávida* de novo
Jill became *pregnant* after 5 years	Jill ficou *grávida* após 5 anos
Are you *pregnant*?	Você está *grávida*?

696. *review/revisar*

The game rules needs to be *reviewed*	As regras do jogo precisam ser *revisadas*
You should *review* this movie right away	Você deve *revisar* este filme imediatamente
Do you *review* vintage cars?	Você *revisa* carros antigos?

697. *road/rodovia*

This is a road *map*.	Este é um mapa das *rodovias*.
This *road* leads to the park.	Esta *rodovia* leva ao parque.
She told us the *road* was closed.	Ela nos disse que a *rodovia* estava fechada.

698. *role/papel*

The girl was chosen for the leading *role*	A menina foi escolhida para o *papel* principal
This *role* is tailor-made for you	Este *papel* é feito sob medida para você
I love *role* playing games	Eu gosto de jogos de interpretar *papéis*

699. *room/sala*

The *room* is very big.	A *sala* é muito grande.
My *room* is very airy.	Minha *sala* é muito arejada.
Where is your *room*?	Onde fica sua *sala*?

700. *safe/seguro*

This house is very *safe*	Esta casa é muito *segura*
The area is not *safe* for single women	A área não é *segura* para mulheres solteiras
Singapore is a very *safe* place	Cingapura é um lugar muito *seguro*

RANKING: 701–800
The 1000 most used Portuguese words

701. screen tela	702. soup sopa	703. stay ficar	704. structure estrutura	705. view olhar/procurar
706. visit visitar	707. visual visual	708. write escrever	709. wrong errado	710. account contar
711. advertising publicidade	712. affect afetar	713. ago atrás	714. anyone alguém-nínguem	715. approach foco
716. avoid evitar	717. ball bola	718. behind atrás	719. certainly certamente	720. concerned preocupado
721. cover cobrir	722. discipline disciplina	723. location localização	724. medium mediano	725. normally normalmente
726. prepare preparar	727. quick rápido	728. ready pronto	729. report reportar	730. rise levantar
731. share compartilhar	732. success sucesso	733. addition adição	734. apartment apartamento	735. balance balança
736. bit pedaço-mordida	737. black preto-negro	738. bottom embaixo	739. build construir	740. choice escolha
741. education educação	742. gift presente	743. impact impacto	744. machine máquina	745. math matemática
746. moment momento	747. painting pintura	748. politics política	749. shape formato	750. straight reto
751. tool ferramenta	752. walk caminhar	753. white branco	754. wind vento	755. achieve alcançar
756. address endereço	757. attention atenção	758. average média	759. believe creer	760. beyond além
761. career carreira	762. culture cultura	763. decision decisão	764. direct direto	765. event evento
766. excellent	767. extra	768. intelligent	769. interesting	770. junior

excelente	extra	inteligente	interessante	jovem
771. morning manhã	772. pick selecionar	773. poor pobre	774. pot panela	775. pretty lindo
776. property propriedade	777. receive receber	778. seem parecer	779. shopping comprar	780. sign assinar
781. student estudante	782. table mesa	783. task tarefa	784. unique único	785. wood madeira
786. anything nada	787. classic clássico	788. competition competência	789. condition condição	790. contact contato
791. credit crédito	792. currently atualmente	793. discuss discutir	794. distribution distribuição	795. egg ovo
796. entertainment entretenimento	797. final final	798. happy feliz	799. hope esperança	800. ice gelo

701. *screen/tela*

The *screen* on the TV has been damaged	A *tela* da TV foi danificada
You need a new LCD *screen* for your desktop	Você precisa de uma nova *tela* LCD para sua área de trabalho
Always check the video *screen*	Sempre verifique a *tela* do vídeo

702. *soup/sopa*

The *soup* was delicious	A *sopa* estava deliciosa
I ordered four kinds of *soup* for lunch	Eu pedi quatro tipos de *sopa* para o almoço
Order a bowl of *soup* for the child	Peça uma tigela de *sopa* para a criança

703. *stay/ficar*

I will *stay* at home	*Ficarei* em casa.
Stay here with us	*Fique aqui* conosco.

He had to *stay* in bed	Ele teve que *ficar* na cama

704. *structure/estrutura*

The *structure* of the building is destroyed	A *estrutura* do prédio é destruída
This *structure* is totally illegal	Essa *estrutura* é totalmente ilegal
The *structure* is seventy feet high	A *estrutura* tem setenta pés de altura

705. *view/vista-ver*

The *view* from the top is amazing.	A *vista* do topo é incrível.
I can easily *view* the hotel from here	Eu posso facilmente *ver* o hotel daqui
Did you have a good *view* of the skyline?	Você teve uma boa *vista* do horizonte?

706. *visit/visitar*

He will *visit* his uncle	Ele *visitará* seu tio
She did not *visit* anybody	Ela não *visitou* ninguém
Her dream is to *visit* Paris	O sonho dela é *visitar* Paris

707. *visual/visual*

The *visual* effects in the movie were nice	Os efeitos *visuais* no filme foram legais
The *visual* clues were very helpful	As pistas *visuais* foram muito úteis
This is a *visual* image of the home	Esta é uma imagem *visual* da casa

708. *write/escrever*

Always *write* correct English	*Sempre* escreva o inglês correto
Write a letter to your mom	*Escreva* uma carta para sua mãe

| Did you *write* the resignation letter? | Você *escreveu* a carta de demissão? |

709. *wrong/errado*

I was *wrong*.	Eu estava *errado*.
I got on the *wrong* bus.	Eu peguei o ônibus *errado*.
It is *wrong* to tell a lie.	É *errado* contar uma mentira.

710. *account/conta*

I paid my holiday on your *account*	Paguei minhas férias na sua *conta*
John has a closed bank *account*	John fechou uma *conta* bancária
Open a bank *account* tomorrow	Abra uma *conta* bancária amanhã

711. *advertising/publicidade*

The *advertising* board convened a meeting	O conselho de *publicidade* convocou uma reunião
You must report to the *advertising* council	Você deve se reportar ao conselho de *publicidade*
The brand needs aggressive *advertising*	A marca precisa de *publicidade* agressiva

712. *affect/afetar*

The news should not *affect* her at all	As notícias não devem *afetá*-la de forma alguma
Earthquakes *affect* a wide area	Terremotos *afetam* uma ampla área
The new timetable will *affected*	O novo calendário *afetará*

713. *ago/atrás*

He died one year *ago*	Ele morreu há um ano *atrás*
It happened a long time *ago*	Aconteceu há muito tempo *atrás*
She met him three years *ago*	Ela o conheceu há três anos *atrás*

714. *anyone/ninguém*

Do not tell *anyone* this	Não conte a *ninguém* isso
Don't share this with *anyone*	Não compartilhe isso com *ninguém*
There isn't *anyone* in the room	Não há *ninguém* no quarto.

715. *approach/foco-abordagem*

This is not the proper *approach*	Esta não é a *abordagem* adequada
You have to change your *approach*	Você tem que mudar sua *abordagem*
Approach the problem differently	*Aborde* o problema de maneira diferente

716. *avoid/evitar*

I *avoid* traveling by air	*Evito* viajar de avião
There are a few problems we can *avoid*	Existem alguns problemas que podemos *evitar*
We took the plain to *avoid* traffic	Pegamos a planície para *evitar* o tráfego

717. *ball-bola*

He threw the *ball*.	Ele jogou a *bola*.
He kicked the *ball*.	Ele chutou a *bola*.
Roll the *ball* to me.	Role a *bola* para mim.

718. *behind/atrás*

I am *behind* him	Estou *atrás* dele
Look *behind* you	Olhe *atrás* de você.
It is *behind* the wall	Está *atrás* do muro

719. *certainly/certamente*

I *certainly* don't regret this trip	*Eu certamente* não me arrependo desta viagem
I was *certainly* not a part of the team.	*Eu certamente* não fazia parte da equipe.
This will *certainly* make a huge difference.	Isso *certamente* fará uma enorme diferença.

720. *concerned/preocupado*

I was *concerned* for Sophie and his child	Eu estava *preocupado* com Sophie e seu filho
I was *concerned* about my pet dog	Eu estava *preocupado* com meu cachorro de estimação
I am *concerned* because the deal is over	Estou *preocupado* porque o acordo acabou

721. *cover/cobrir*

You should *cover* the garbage	Você deve *cobrir* o lixo
Let us *cover* up these fireworks	*Vamos* cobrir esses fogos de artifício
One thousand dollars will *cover* all expenses.	Mil dólares *cobrirão* todas as despesas.

722. *discipline/disciplina*

You have to maintain the *discipline*	Você tem que manter a *disciplina*
Discipline will make us better in life	A *disciplina* nos tornará melhores na vida
Discipline is more important	A *disciplina* é mais importante

723. *location/localização*

The mall is in a very good *location*.	O shopping está em uma *localização muito boa.*
Did you find the *location* of the building?	Você encontrou a *localização* do prédio?
The hotel has an excellent *location*.	O hotel tem uma excelente *localização.*

724. *medium/mediano-médio*

The box is of *medium* size	A caixa é de tamanho *médio*
She worked as a *medium* for many years	Ela trabalhou como *médium* por muitos anos
He used water colors as the sole *medium*	Ele usou cores de água como o único *meio*

725. *normally/normalmente*

Normally, I never do this	*Normalmente*, eu nunca faço isso
Can you do that *normally*?	Você pode fazer isso *normalmente*?
It was not something I would *normally* do	Não era algo que eu *normalmente* faria

726. *prepare/preparar*

I need to *prepare* for the exams	Preciso me *preparar* para os exames
Did you *prepare* well for the big event?	Você se *preparou* bem para o grande evento?
I need milk to *prepare* breakfast	Eu preciso de leite para *preparar* o café da manhã

727. *quick/rápido*

The boy was *quick* to learn	O menino foi *rápido* em aprender

Jim is very *quick* on his feet.	Jim é muito *rápido* com seus pés.
He was *quick* to point out the mistakes.	Ele foi *rápido2 em apontar os erros.*

728. *ready/pronto*

The king was *ready* for the battle	O rei estava *pronto* para a batalha
The team was *ready* for its first match	A equipe estava *pronta* para sua primeira partida
I am *ready* to die for the country	Estou *pronto* para morrer pelo país

729. *report/reportar-relatório*

Please *report* this to the police	Por favor, *reporte* isso à polícia
Submit the *report* as soon as possible	Envie o *relatório* o mais rápido possível
Where is the police *report*?	Onde está o *relatório* de ocorrência?

730. *rise/levantar*

I am sure Jim will *rise*	Tenho certeza que Jim vai *levantar.*
To *rise* early is a healthy habit	*Levantar* cedo é um hábito saudável
I need to *rise* early tomorrow	Preciso levantar cedo amanhã

731. *share/compartilhar*

Please *share* the details with us	Por favor, *compartilhe* os detalhes conosco
I always *share* the food with my friends.	Eu sempre *compartilho* a comida com meus amigos.
Did you *share* your bank password?	Você *compartilhou* sua senha bancária?

732. *success/sucesso*

The team enjoyed moderate *success*	A equipe teve um *2sucesso* moderado
Jack was a real *success* on the tour	Jack foi um verdadeiro *sucesso* na turnê
You will have a *success* this year.	Você terá *sucesso* este ano.

733. addition/adição

There has been no *addition* to the final list	Não houve *adição* à lista final
In *addition* you must carry your certificate	*Além disso*, você deve levar seu certificado
The boy is very good for *additions*	O menino é muito bom para *adições*

734. apartment/apartamento

The *apartment* is really beautiful	O *apartamento* é realmente bonito
You spent a fortune on this *apartment*	Você gastou uma fortuna neste *apartamento*
Did you sell your old *apartment*?	Você vendeu seu *apartamento* antigo?

735. balance/ saldo-balanço

Do you have *balance* in your cell phone?	Você tem *saldo* no seu celular?
The *balance* sheet looks dubious.	O *balanço* parece dúbio.
Check the *balance* before leaving the office	Verifique o *saldo* antes de sair do escritório

736. bit/pouco

He has changed a *bit* since sixth grade.	Ele mudou um *pouco* desde a sexta série.
I need to work on it *bit* by *bit.*	Eu preciso trabalhar nisso *pouco* a *pouco*.
Do a *bit* and wait for the results.	Faça um *pouco* e aguarde os resultados.

737. black/preto-negro

The coat is *black*	O casaco é *preto*
I will wear a *black* suit to the funeral	Vou usar um terno *preto* para o funeral
He bought a *black* Cadillac on her birthday	Ele comprou um Cadillac *preto* no aniversário dela

738. *bottom/inferior*

The camp is located at the *bottom*	O acampamento está localizado na parte *inferior*
The *bottom* is very loose.	O *fundo* está muito solto.
Check the *bottom* of the drawer	Verifique a parte *inferior* da gaveta

739. *build/construir*

You need to *build* a bridge	Você precisa *construir* uma ponte
I need to *build* a new cage	Eu preciso *construir* uma nova gaiola
Birds *build* nests.	Os pássaros *constroem* ninhos.

740. *choice/escolha*

Make your *choice*.	Faça a sua *escolha*.
We have a wide *choice* of books.	Temos uma grande *escolha* de livros.
He had no *choice* but to run away.	Ele não teve *escolha* senão fugir.

741. *education/educação*

The standard of *education* is very high	O padrão de *educação* é muito alto
Send her to England for *education*.	Envie-a para a Inglaterra para *educação*.
A good *education* is very important	Uma boa *educação* é muito importante

742. *gift/presente*

He accepted her *gift*.	Ele aceitou o *presente* dela.
She will offer him a *gift*.	Ela oferecerá um *presente a ele.*
Tom brought Mary a *gift*.	Tom trouxe um *presente para Mary.*

743. *impact/impacto*

Prepare yourselves for an *impact*.	Prepare-se para um *impacto*.
The storm had an *impact* on the crops.	A tempestade teve um *impacto* nas plantações.
The *impact* of science is great.	O *impacto* da ciência é grande.

744. *machine/máquina*

I bought a new sewing *machine*	Comprei uma *máquina* de costura nova.
I don't know how to use this *machine*	Não sei como usar esta *máquina*
I asked her turn on the *machine*	Eu pedi para ela ligar a *máquina*

745. *math/matemática*

His performance in *math* is bad	Seu desempenho em *matemática* é ruim
Did you do your *math* homework?	Você fez sua lição de *matemática*?
I am very weak in on *math*	Eu sou muito fraco em *matemática*

746. *moment/momento*

Wait a *moment*	Aguarde um *momento.*
Be quiet for a *moment*	Fique quieto por um *momento.*
I am busy at the *moment*	Estou ocupado no *momento*

747. painting/pintar-pintura

Jim is very good at *painting* portraits	Jim é muito bom em *pintar* retratos
I loved her new *painting* of the kitten	Eu amei sua nova *pintura* do gatinho
We went to see some old *paintings*	Nós fomos ver algumas *pinturas* antigas

748. politics/política

I hate *politics*	Eu odeio *política*
He has no interest in *politics*	Ele não se interessa por *política*.
Mary will enter in *politics*	Maria entrará na *política*

749. shape/forma-formato

Jim looks in excellent *shape*	Jim parece em excelente *forma*
What is the *shape* of that box?	Qual é o *formato* dessa caixa?
You look terribly out of *shape*.	Você parece terrivelmente fora de *forma*.

750. straight/reto-direto

Sit up *straight*	Sente-se *reto*
Give it to me *straight*	Me dê *direto*
He drew a *straight* line with his pencil	Ele desenhou uma linha *reta* com o lápis

751. tool/ferramenta

You need proper *tools*	Você precisa de *ferramentas* adequadas
Did you buy new *tools*?	Você comprou novas *ferramentas*?
Where is your *tool* kit?	Onde está o seu kit de *ferramentas*?

752. walk/caminhar

I *walk* whenever I can	Eu caminho sempre que posso
I *walk* to school.	*Eu caminho* para a escola.
Walk ahead of me.	*Caminhe* à minha frente.

753. *white/branco*

It is all *white*.	Tudo está *branco*.
The dog is *white*.	O cachorro é *branco*.
It is perfectly *white*.	É perfeitamente *branco*.

754. *wind/vento*

The *wind* has grown stronger	O *vento* ficou mais forte
The *wind* has died down	O *vento* diminuiu
The *wind* blew every morning	O *vento* soprava todas as manhãs

755. *achieve/alcançar*

This man has nothing left to *achieve*	Este homem não tem mais nada a *alcançar*
To become famous, you need to *achieve* a lot.	Para se tornar famoso, você precisa *alcançar* muito.
It´s great you could *achieve* your goals	É ótimo que você possa *alcançar* seus objetivos

756. *address/endereço*

Can I have your *address*?	Posso ter seu *endereço*?
Here is the *address*	Aqui está o *endereço*
I forgot his *address*	Esqueci o *endereço* dele

757.attention/atenção

May I have your *attention*, please?	Posso ter sua *atenção*, por favor?
The boy demanded undivided *attention*	O garoto exigiu *atenção total*
You must pay *attention* in class	Você deve prestar *atenção* na aula

758. average/média

His results were only *average*	Seus resultados foram apenas *médios*
His *average* score was 56	Sua pontuação *média* era 56
I am hoping for an *average* result	Espero um resultado *médio*

759. believe/acreditar

I *believe* you	Eu *acredito em você*
I *believe* in him	*Acredito* nele.
To see is to *believe*	Ver é *acreditar*

760. beyond/além

It is *beyond* me	Está *além* de mim.
He is *beyond* hope	Ele está *além* da esperança
My house is *beyond* that bridge	Minha casa fica *além* daquela ponte

761. career/carreira

You need a new *career*	Você precisa de uma nova *carreira*
You are risking your *career*	Você está arriscando sua *carreira*
I have my *career* to think of	Eu tenho minha carreira para pensar

762. culture/cultura

Foreign *cultures* are interesting	*Culturas* estrangeiras são interessantes
I love French *culture*	Eu amo a *cultura* francesa
Culture is based on language.	A *cultura* é baseada na linguagem.

763. decision/decisão

You must make a *decision* soon	Você deve tomar uma *decisão* em breve
The final *decision* is yours	A *decisão* final é sua
I need to take a final *decision*	Eu preciso tomar uma *decisão* final

764. direct/direto

He made a *direct* accusation.	Ele fez uma acusação *direta*.
There is a *direct* train to London	Existe um trem *direto* para Londres
Is there any *direct* flight to Hong Kong?	Existe algum vôo direto para Hong Kong?

765. event/evento

I won the *event*	Eu ganhei o *evento*
We postponed the *event*	Adiamos o *evento*
Tom accompanied Mary to the *event*	Tom acompanhou Mary ao *evento*

766. excellent/excelente

That is *excellent*.	Isso é *excelente*.
Tom is an *excellent* manager	Tom é um *excelente* gerente
This is *excellent* news	Esta é uma *excelente* notícia

767. *extra/extra*

We have no *extra* money	Não temos dinheiro *extra*
You may need an *extra* blanket	Você pode precisar de um cobertor *extra*
Do you have an *extra* pen?	Você tem uma caneta *extra*?

768. *intelligent/inteligente*

Jim is very *intelligent*.	Jim é muito *inteligente*.
Mary is more *intelligent* than Jack.	Mary é mais *inteligente* que Jack.
Cheryl made an *intelligent* decision.	Cheryl tomou uma decisão *inteligente*.

769. *interesting/interessante*

This is an *interesting* novel	Este é um romance *interessante*
The premise of the book is very *interesting*	A premissa do livro é muito *interessante*
The movie has an *interesting* storyline	O filme tem uma história *interessante*

770. *junior/jovem-secundária*

The boy studies in *junior* school.	O menino estuda na escola *secundária*.
I am a *junior* in high school.	Eu sou um *jovem* no ensino médio.
I teach French at a *junior* school.	Eu ensino francês numa escola *secundária*.

771. *morning/manhã*

I came home this *morning*.	Eu voltei para casa esta *manhã*.
There was a bomb attack in the *morning*.	Houve um ataque a bomba pela *manhã*.
Did you catch the *morning* train?	Você pegou o trem da *manhã*?

772. pick/selecionar-pegar

Ronaldo was *picked* best player	Ronaldo foi *selecionado* o melhor jogador
I will *pick* the mail tonight	Vou *pegar* o correio hoje à noite
Can you please *pick* the photo?	Você pode *pegar* a foto?

773. poor/pobre

Tom is very *poor*	Tom é muito *pobre*
Sudan is a *poor* country.	O Sudão é um país *pobre*.
I always help the *poor*.	Eu sempre ajudo os *pobres*.

774. pot/panela-taça

The *pot* is full of soup	A panela está cheia de sopa
I will make a *pot* of coffee.	Vou fazer uma *taça* de café.
Is there any water in the *pot*?	Tem água na *panela?*

775. pretty/linda

Mary looks *pretty* in the new dress	Mary está *linda* no vestido novo
I have a *pretty* looking doll	Eu tenho uma boneca *linda*
Her books are *pretty*	Seus livros são *lindos*

776. property/propriedade

He inherited a huge *property*	Ele herdou uma *propriedade enorme*
My *property* is being valued by the bank	Minha *propriedade* está sendo avaliada pelo banco
He couldn´t pay and lost the *property*	Ele não podia pagar e perdeu a *propriedade*

777. receive/receber

Did you *receive* my letter?	Você *recebeu* a carta?
I did not *receive* even one letter from him.	Não *recebi* nem uma carta dele.
Did you *receive* the offer letter?	Você *recebeu* a carta de oferta?

778. seem/parecer

You *seem* busy	*Você parece* ocupado
I *seem* to be lost	Eu *pareço* estar perdido
I *seem* to have a fever	*Eu pareço* estar com febre

779. shopping/comprar

Mary will go for *shopping* today	Mary vai fazer *compras* hoje
There are many *shopping* malls in Boston	Existem muitos *shoppings* em Boston
Women generally prefer *shopping* not alone	As mulheres geralmente preferem fazer *compras* acompanhadas

780. sign/assinar-sinal

It is a *sign* of bad times	É um *sinal* de tempos ruins
Did you check the *sign* post?	Você checou a placa de *sinalização?*
It is a clear *sign* of troubles	É um *sinal* claro de problemas

781. student/estudante

She is a *student*	Ela é *estudante.*
Tom is a very good *student*	O Tom é um bom *estudante.*
He is a university *student*	Ele é *estudante* universitário

782. *table/mesa*

That is a *table*	Isso é uma *mesa*
I hid under the *table*	Eu me escondi embaixo da *mesa*
This *table* is not steady	Esta *mesa* não está estável

783. *task/tarefa*

Mary was not up to the *task*	Mary não estava preparada para a *tarefa*
Did you complete your school *task*?	Você concluiu sua *tarefa* escolar?
It is tough *task*.	É uma *tarefa* difícil.

784. *unique/único*

The flowers have a *unique* smell	As flores têm um cheiro *único*
Each citizen has a *unique* card	Cada cidadão tem um cartão único
There is nothing *unique* in the museum	Não há nada *único* no museu

785. *wood/madeira*

That toy is made of *wood*	Esse brinquedo é feito de *madeira*
The desk is made of *wood*	A mesa é feita de *madeira*
Wood floats but iron sinks	*Madeira* flutua, mas ferro afunda.

786. *anything/nada*

I cannot see *anything*	Não consigo ver *nada*
I do not know *anything*	Não sei *nada*
Please don´t take *anything*	Por favor não leve nada

787.*classic/clássico*

This is a *classic* film	Este é um filme *clássico*
Do you have any *classic*?	Você tem algum *clássico*?
This scene is considered a *classic*	Essa cena é considerada um *clássico*

788. *competition/competição*

There is stiff *competition* between the two	Existe uma forte *competição* entre os dois
He entered the *competition* without practice.	Ele entrou na *competição* sem prática.
What are the rules of the *competition*?	Quais são as regras da *competição*?

789. *condition/condição*

His *condition* is very bad.	A *condição* dele é muito ruim.
He suffers from a bad liver *condition*.	Ele sofre de uma *condição* hepática ruim.
The *condition* of the bus is very bad.	A *condição* do ônibus é muito ruim.

790. *contact/contato*

I have no *contact* with my brother	Não tenho *contato* com meu irmão
Did you *contact* your sister?	Você entrou em *contato* com sua irmã?
Do you have any *contact* number?	Você tem algum número de *contato*?

791.*credit/crédito*

The bank will give you some *credit*.	O banco lhe dará algum *crédito*.
The store issued a *credit* note	A loja emitiu uma nota de *crédito*
Can I ask for a *credit* of ten dollars?	Posso pedir um *crédito* de dez dólares?

792. *currently/atualmente*

Tom is *currently* unemployed	Tom está *atualmente* desempregado.
Currently he is our best player	*Atualmente* ele é nosso melhor jogador
Tom is *currently* living in Boston	Tom mora *atualmente* em Boston

793. *discuss/discutir*

I need to *discuss* this matter in detail.	Eu preciso *discutir* esse assunto em detalhes.
What is there to *discuss*?	O que há para *discutir*?
You don't need to *discuss* this	Você não precisa *discutir* isso

794. *distribution/distribuição*

The flowers need *distribution*.	As flores precisam de *distribuição*.
Distribution is essential for marketing	A distribuição é essencial para o marketing
Call her for the prize *distribution*.	Ligue para ela para a *distribuição* do prêmio.

795. *egg/ovo*

Would you like an *egg* with the toast?	Gostaria de um *ovo* com a torrada?
How many boiled *eggs* can you eat?	Quantos *ovos* cozidos você pode comer?
I like scrambled *eggs*	Eu gosto de *ovos* mexidos

796. *entertainment/entretenimento*

Music is a form of *entertainment*	A música é uma forma de *entretenimento*.
There is no *entertainment* in the province	Não há *entretenimento* na província
There is no *entertainment* for the young	Não há *entretenimento* para os jovens

797. *final/final*

This decision is *final*	Esta decisão é *final*
What is the *final* count?	Qual é a contagem *final*?
I made the *final* decision.	Eu tomei a decisão *final*.

798. *happy/feliz*

I am so *happy*	Estou muito *feliz*
I feel *happy* when I see you	Eu me sinto *feliz* quando te vejo
I feel *happy* every morning	Me sinto *feliz* todas as manhãs

799. *hope/esperança-esperar*

I hope *that* he will succeed.	*Espero* que obtenha sucesso
I *hope* you had a nice trip	*Espero* que você tenha uma boa viagem
Let us *hope* for the best	*Vamos esperar* pelo melhor

800. *ice/gelo*

The *ice* has melted	O *gelo* derreteu.
The *ice* is cold	O *gelo* é frio
Would you like some *ice*?	Gostaria de um pouco de *gelo*?

RANKING: 801–900

The 1000 most used Portuguese words

801. lift levantar	802. mix misturar	803. network rede	804. north norte	805. office escritório
806. overall sobretudo	807. population população	808. president presidente	809. private privado	810. realize realizar
811. responsible responsável	812. separate separado	813. square quadrado	814. stop parada	815. teach ensinar
816. unit unidade	817. western ocidental	818. yes sim	819. alone só	820. attempt tentativa
821. category categoría	822. cigarette cigarro	823. concern preocupação	824. contain conter	825. context contexto
826. cute fofo	827. date data	828. effect efeito	829. extremely extremamente	830. familiar familiar
831. finally finalmente	832. fly voar	833. follow seguir	834. helpful útil	835. introduction introdução
836. link link	837. official oficial	838. opportunity oportunidade	839. perfect perfeito	840. performance desempenho
841. post enviar	842. recent recente	843. refer referir	844. solve resolver	845. star estrela
846. voice voz	847. willing disposto	848. born nascer	849. bright brilhante	850. broad amplo
851. capital capital	852. challenge desafio	853. comfortable confortável	854. constantly constantemente	855. describe descrever
856. despite apesar	857. driver motorista	858. flat plano	859. flight vôo	860. friend amigo
861. gain ganhar	862. him ele	863. length comprimento	864. magazine revista	865. maybe talvez
866. newspaper jornal	867. nice bom	868. prefer preferir	869. prevent prevenir	870. properly apropiadamente
871.	872.	873.	874.	875.

relationship	rich	save	self	shot
relação	rico	guardar	próprio	tiro
876.	877.	878.	879.	880.
soon	specifically	stand	teaching	warm
pronto	específicamente	em pé	ensinando	quente
881.	882.	883.	884.	885.
wonderful	young	ahead	brush	cell
incrível	jovem	adiante	pincel	célula
886.	887.	888.	889.	890.
couple	daily	dealer	debate	discover
casal-par	diário	comerciante	debater	descobrir
891.	892.	893.	894.	895.
ensure	exit	expect	experienced	fail
assegurar	sair	esperar	experimentado	falhar
896.	897.	898.	899.	900.
finding	front	function	heavy	hello
encontro	frente	função	pesado	olá

801. *lift/levantar-subir*

Do you need to *lift* the box?	Você precisa *levantar* a caixa?
Can you *lift* to the mountain peak?	Você pode *subir até o pico da montanha?*
She tried to *lift* the box	Ela tentou *levantar* a caixa

802. *mix/misturar*

There has been a *mix* between foreigners	Houve uma *mistura* entre estrangeiros
Oil and water do not *mix*.	Óleo e água não se *misturam*.
You cannot *mix* meat and milk	Você não pode *misturar* carne e leite

803. *network/rede*

She has a strong *network* of friends.	Ela tem uma forte *rede* de amigos.
The police have built a *network*	A polícia construiu uma *rede*
The communication *network* has broken	A *rede* de comunicação quebrou

804. *north/norte*

The house is located in the *north* side	A casa está localizada no lado *norte*
Have you been to *North* America?	Você já esteve na América do *Norte*?
Which way is the *North* Pole?	Qual o caminho do Polo *Norte*?

805. *office/escritório*

Call me at the *office*.	Me liga no *escritório*.
Where is the post *office*?	Onde é o *escritório* dos correios?
I easily found his *office*.	Eu encontrei facilmente o *escritório* dele.

806. *overall/sobretudo-total*

The *overall* system is ruined	O sistema *sobretudo* está arruinado
Do you have an idea about the *overall* cost?	Você tem uma idéia sobre o custo *total*?
What would be the *overall* expenditure?	Qual seria o gasto *total*?

807. *population/população*

The *population* of China is very large	A *população* da China é muito grande
The world's population is about 6 billion.	A *população* do mundo é de cerca de 6 bilhões.
The *population* of India is increasing	A *população* da Índia está aumentando

808. *president/presidente*

The *President* travels too much	O *presidente* viaja demais
In USA everyone can become *President*	Nos EUA, todos podem se tornar *presidente*
The *President* started the meeting	O *presidente* iniciou a reunião

189

809.*private/privado*

Can we *talk* in private?	Podemos *conversar* em privado?
Let us keep this *private*	Vamos manter isso *privado*
Tom has a *private* yacht	Tom tem um iate *privado*

810. *realize/perceber*

Jim failed to *realize* the situation	Jim não conseguiu *perceber* a situação
He needs to *realize* his mistakes	Ele precisa *perceber* seus erros
Did you *realize* what you did?	Você *percebeu* o que fez?

811. *responsible/responsável*

Are you *responsible* for this mess?	Você é *responsável* por essa bagunça?
I am not *responsible* for what Tom did	Eu não sou *responsável* pelo que Tom fez
Parents are *responsible* for their children	Os pais são *responsáveis* por seus filhos

812. *separate/separado*

We got *separated*	Nos *separamos*
Tom and I are *separated*	Tom e eu estamos *separados*
No one can *separate* them	Ninguém pode *separá-los*

813. *square/quadrado*

A *square* has four sides	Um *quadrado* tem quatro lados iguais.
The *square* root of nine is three	A raiz *quadrada* de nove é três
A *square* is always a rectangle	Um *quadrado* é sempre um retângulo

814. *stop/parar*

Let us *stop* here	Vamos *parar* por aqui
Nobody can *stop* me	Ninguém pode me *parar*
Stop joking around	*Pare* de brincar

815. *teach/ensinar*

I will *teach* Anthropology at the University	*Vou ensinar* Antropologia na Universidade
I will *teach* you a lesson	Eu vou te *ensinar* uma lição
He will *teach* with patience	Ele *ensinará* com paciência

816. *unit/unidade*

This is a lovely *unit*.	Esta é uma *unidade* adorável.
This unidad has four bedrooms	Esta *unidade* tem quatro quartos
What is the *unit* of currency here?	Qual é a *unidade* monetária aqui?

817. *western/ocidental*

Mary loves *western* music	Mary adora música *ocidental*
Cheryl is a big fan of *western* clothes	Cheryl é uma grande fã de roupas *ocidentais*
The *western* world is growing slowly	O mundo *ocidental* está crescendo lentamente

818. *yes/sim*

He will not say *yes*	Ele não dirá que *sim.*
I will never say *yes* to her proposal	Eu nunca direi *sim* à sua proposta
Please answer *yes* or no	Por favor responda *sim* ou não

819. *alone/só*

He was *alone*.	Ele estava *só*.
She came *alone*.	Ela veio *só*.
Leave my car *alone*.	Deixa meu carro *só*.

820.*attempt/tentativa-tentar*

There was an *attempt* to break free	Houve uma *tentativa* de se libertar
I will never *attempt* this exam	Eu nunca *tentarei* este exame
Do not *attempt* any stunts here	Não *tente* fazer acrobacias aqui

821. *category/categoria*

This does not fit any *category*	Isso não se encaixa em nenhuma *categoria*
Category 5 hurricanes cause damage	Furacões da *categoria* 5 causam danos
These two are not in the same *category*	Esses dois não estão na mesma *categoria*

822. *cigarette/cigarro*

He lit up the *cigarette* very slowly	Ele acendeu o *cigarro* muito lentamente
Smoking *cigarettes* is unhealthy	Fumar *cigarros* não é saudável
Do not smoke more than a *cigarette* per day	Não fume mais do que um *cigarro* por dia

823. *concern/preocupação*

That is not my *concern*	Essa não é minha *preocupação*
It is no *concern* of mine	Não é minha *preocupação*
I appreciate *your concern*	Agradeço sua *preocupação*

824. contain/conter

The boxes *contain* chocolates	As caixas *contêm* chocolates
What does the bag *contain*?	O que a bolsa *contém*?
The wallet must *contain* important things	A carteira deve *conter* coisas importantes

825. context/contexto

In another *context* the meaning can change	Em outro *contexto* , o significado pode mudar
The plan has a political *context*	O plano tem um *contexto* político
The same problems but a different *context*	Os mesmos problemas, mas um *contexto* diferente

826. cute/fofo

She is really *cute*	Ela é muito *fofa*
You have *cute* eyes	Você tem olhos *fofos*
The couple looks very *cute*	O casal parece muito *fofo*

827. date/data

This is the *date* of my marriage	Esta é a *data* do meu casamento
Please mark this *date* in the calendar	Por favor, marque esta *data* no calendário
First decide on the *date* of journey	Primeiro decida a *data* da viagem

828. effect/efeito

The perfume had a very strong *effect*	O perfume teve um *efeito* muito forte
The economic policy.will have a great *effect*	A política econômica terá um grande *efeito*

| The *effect* has been pretty widespread | O *efeito* tem sido bastante difundido |

829. *extremely/extremamente*

I am *extremely* fond of him	Estou *extremamente apaixonada por ele*
She has was *extremely* wrong	Ela está *extremamente* errada
It was an *extremely* easy victory for us	Foi uma vitória *extremamente* fácil para nós

830. *familiar/familiar*

The girl seems to be very *familiar*	A menina parece ser muito *familiar*
This is a *familiar* looking neighborhood	Este é um bairro *familiar*
I am not very *familiar* with the idea	Eu não estou muito *familiarizado* com a ideia

831. *finally/finalmente*

Finally we reached an agreement	*Finalmente* chegamos a um acordo
So you *finally* came here!	Então você *finalmente* veio aqui!
We are not quarreling *finally*	Não estamos brigando *finalmente*

832. *fly/voar*

This *bird cannot fly.*	Este *pássaro não pode voar.*
He studied the way birds *fly*	Ele estudou a maneira como os pássaros *voam*
He is afraid to *fly* in an airplane.	Ele tem medo de *voar* em um avião.

833. *follow/seguir*

| Jim vowed to *follow* a diet plan | Jim prometeu *seguir* um plano de dieta |

You must *follow* torders	Você deve *seguir* as cordas
There is no need to *follow* him now.	Não há necessidade de segui-lo agora.

834. *helpful/útil*

Jim has a *helpful* attitude	Jim tem uma atitude *útil*
I am not very *helpful* in homicide cases	Não sou muito *útil* em casos de homicídio
Mary is very *helpful* towards the poor	Mary é muito *útil* para com os pobres

835. *introduction/introdução*

The businessman needs no *introduction*	O empresário não precisa de *introdução*
I need to be present for the *introduction*	Eu preciso estar presente para a *introdução*
He slept through the *introduction* class	Ele dormiu durante a aula de *introdução*

836. *link/link-ligação*

There is no *link* between the two brothers	Não há *ligação* entre os dois irmãos
You need to establish a *link*	Você precisa estabelecer uma *ligação*
I don't find any *link* to the past	Não encontro nenhuma *ligação* para o passado

837. *official/oficial*

This is *official*	Isso é *oficial*
It is *official* business	É negócio *oficial*
This makes it *official*	Isso o torna *oficial*

838. *opportunity/oportunidade*

I am looking forward to the *opportunity*.	Estou ansioso pela *oportunidade*.
Do not let such an *opportunity* go by.	Não deixe passar essa *oportunidade*.
I will see him at first *opportunity*.	Eu o verei na primeira *oportunidade*.

839. *perfect/perfeito*

You seem *perfect*.	Você parece *perfeita*.
It was not *perfect*.	Não foi *perfeito*.
That is so *perfect*.	Isso é tão *perfeito*.

840. *performance/desempenho*

I am pleased with her *performance*	Estou satisfeito com o *desempenho dela*
Tom did not clap Mary's *performance*	Tom não bateu palmas ao *desempenho* de Mary
Tom is very pleased with my *performance*	Tom está muito satisfeito com o meu *desempenho*

841. *post/publicar-postar*

I will *post* the letter today.	Vou *postar* a carta hoje.
Did you *post* anything on the social media?	Você *postou* alguma coisa nas mídias sociais?
How did you forget to *post* the news?	Como você se esqueceu de *publicar* as notícias?

842. *recent/recente*

I have not seen him in *recent* times	Eu não o vi nos tempos *recentes*
There has been no *recent* development.	Não houve desenvolvimento *recente*.
I have not seen her *recent* interviews.	Eu não vi suas entrevistas *recentes*.

843. *refer/referir*

I will *refer* the matter to the authorities	Vou *referir* o assunto para as autoridades
Refer to this document each time	Refire este documento sempre
Did you *refer* my findings?	Você *referiu* minhas descobertas?

844. *solve/resolver*

Jack took his time to *solve* this case	Jack levou um tempo para *resolver* este caso
Did you *solve* the equations?	Você *resolveu* as equações?
I have to *solve* the numerical problems	Eu tenho que *resolver* os problemas numéricos

845. *star/estrela*

She made me a *star*.	Ela fez de mim uma *estrela*.
Who is your favorite TV *star*?	Quem é sua *estrela* de TV favorita?
Have you ever seen a shooting *star*?	Você já viu uma *estrela* cadente?

846. *voice/voz*

She raised her *voice*.	Ela nunca elevou o tom da *voz*.
Tony's *voice* is nice.	A *voz* de Tom é bonita.
I am happy to hear your *voice*.	Fico feliz em ouvir sua *voz*.

847. *willing/disposto*

I *willing to* give you a loan	Estou *disposto* a dar-lhe um empréstimo
The woman was willing to divorce	A mulher estava *disposta* a se divorciar
Are you *willing to* invite your mother?	Você está *disposto* a convidar sua mãe?

848. *born/nascido*

When was she *born*?	Ela *nasceu* quando?
Where was Tom *born*?	Onde Tom *nasceu*?
He was *born* in Ohio.	*Ele nasceu* em Ohio.

849. *bright/brilhante*

That is a *bright* idea.	Essa é uma ideia *brilhante*.
He is by no means *bright*.	Ele não é de modos *brilhantes*.
The light from the lamp is very *bright*.	A luz da lâmpada é muito brilhante.

850. *broad/amplo*

The street is very *broad*	A rua é muito *larga*
Mary is a *broad*-minded woman	Mary é uma mulher de mente *ampla*
He shot the boy in a *broad* alley	Ele atirou no garoto em um beco *amplo*

851. *capital/capital*

The *capital* of Italy is Rome	A *capital* da Itália é Roma.
London is one of the busiest *capital* cities	Londres é uma das *capitais* mais movimentadas
Could you raise the required *capital*?	Você poderia levantar o *capital* necessário?

852. *challenge/desafio*

This is the biggest *challenge* in my life.	Este é o maior *desafio* da minha vida.
It is a tough *challenge* for me.	É um *desafio* difícil para mim.
Do not *challenge* him to a fight.	Não o *desafie* para uma luta.

853. *comfortable/confortável*

Tom seems quite *comfortable*	Tom parece bastante *confortável*
I am very *comfortable*	Estou muito *confortável*
I know you are not *comfortable*	Eu sei que você não está *confortável*

854. *constantly/constantemente*

His wife nags him *constantly*.	Sua esposa o incomoda *constantemente*.
Tom and Mary fight *constantly*.	Tom e Mary brigam *constantemente*.
She is *constantly* writing letters.	Ela está *constantemente* escrevendo cartas.

855. *describe/descrever*

I will try to *describe* the place	Vou tentar *descrever* o lugar
Let me *describe* the situation	Deixe-me *descrever* a situação
Can you *describe* the crime scene?	Você pode *descrever* a cena do crime?

856. *despite/apesar*

I love him *despite* his faults	Eu o amo *apesar* de suas falhas
Despite all his wealth, he is stingy	*Apesar* de toda a sua riqueza, ele é mesquinho
We push ahead *despite* everything	Nós avançamos *apesar* de tudo

857. *driver/motorista*

Is she a taxi *driver*?	Ela é *motorista* de táxi?
Do not be a back seat *driver*	Não seja *motorista* do banco de trás
The *driver* told us which bus we should take	O *motorista* nos disse qual ônibus devemos

	pegar

858. *flat/plano-vazio*

I got a *flat* tire.	Estou com um pneu *vazio*.
My cycle has a *flat* tire.	Minha bicicleta tem um pneu *vazio*.
I love *flat* breads.	Eu amo pão *plano*.

859. *flight/vôo*

Did you miss the *flight*?	Perdeu o *vôo*?
What time does your *flight* take-off?	A que horas o seu *vôo* decola?
My *flight* is on schedule.	Meu *vôo* está dentro do cronograma.

860. *friend/amigo*

A *friend* in need is a friend indeed	Um amigo na necessidade é um *amigo de verdade*
Your *friend* looks pretty handsome.	Seu *amigo* está bem bonito.
I can count on my *friend*	Posso contar com meu *amigo*

861. *gain/ganhar*

Tom must *gain* a little bit of weight	Tom deve *ganhar* um pouco de peso
She began to *gain* weight	Ela começou a *ganhar* peso
Tom needs to *gain* more knowledge.	Tom precisa *ganhar* mais conhecimento.

862. *him/ele*

I am in love with *him*	Eu sou apaixonada por *ele*

| I can count on *him* whenever necessary. | Posso contar com *ele* sempre que necessário. |
| I really don't like him | Eu realmente não gosto d*ele* |

863. *length/comprimento*

What is the *length* of this courtyard?	Qual é o *comprimento* deste pátio?
I would like to know the *length* of this bed	Gostaria de saber o *comprimento* desta cama
The *length* of the field is 1000 yards	O *comprimento* do campo é de 1000 jardas

864. *magazine/revista*

I have subscribed to this *magazine*.	Eu assinei esta *revista*.
Can you buy that *magazine* for me?	Você pode comprar essa *revista* para mim?
It is an old *magazine*.	É uma *revista* antiga.

865. *maybe/talvez*

Maybe he won't become famous.	*Talvez* ele não se torne famoso.
Maybe you would better come with us.	*Talvez* seja melhor você vir conosco.
Maybe he has lots of girlfriends.	*Talvez* ele tenha muitas namoradas.

866. *newspaper/jornal*

This *newspaper* is free	Esse *jornal* é de graça.
He was reading a *newspaper*	Ele lia um *jornal*.
I read about him in the *newspaper*	Eu li sobre ele no *jornal*

867. *nice/bom*

He is *nice*.	Ele é *bom*.
Have a *nice* day.	Tenha um *bom* dia.
It is a nice *day*.	É um *bom* dia.

868. *prefer/preferir*

I *prefer* reading to writing	Eu *prefiro* ler a escrever
I *prefer* to travel by air	*Eu prefiro* viajar de avião
Which wine do you *prefer*	Qual vinho você *prefere?*

869. *prevent/evitar-impedir*

The driver could not *prevent* the accident	O motorista não pôde *evitar* o acidente
I could not *prevent* him from leaving	Eu não pude *impedi*-lo de sair
We cannot *prevent* Jim from seeing Cheryl.	Não podemos *impedir* que Jim veja Cheryl.

870. *properly/ apropriadamente*

You must write *properly*	Você deve escrever *apropriademente*
Tom must drive *properly*	Tom deve dirigir *apropriadamente*
Properly arrange the books	Organize *apropriadamente* os livros

871. *relationship/relação-relacionamento*

I am in a *relationship*	Eu estou em um *relacionamento*
They want to renew their *relationship*	Eles querem renovar seu *relacionamento*
Are you in a *relationship?*	Você está em um *relacionamento?*

872. *rich/rico*

Rockefeller is a *rich* man	Rockefeller é um homem *rico*
USA is *rich* in natural resources	Os EUA são *ricos* em recursos naturais
From rags to *riches*	De trapos a *riqueza*

873. *save/guardar-salvar*

God *save* the Queen	Deus *salve* a rainha
The bodyguard *saved* his life	O guarda-costas *salvou* sua vida
She risked her life to *save* him	Ela arriscou sua vida para *salvá-lo.*

874. *self/auto-próprio*

I will paint a *self*-portrait	Vou pintar um *auto*-retrato
He had a kind of *self* realization	Ele tinha um tipo de *auto*-realização
This camera works on a *self* timer	Esta câmera funciona em um *auto* disparador

875. *shot/tiro*

The farmer *shot* the injured horse	O fazendeiro *atirou* no cavalo ferido
The young boy *shot* accidentally	O jovem *atirou* acidentalmente
An unknown assassin *shot* the king	Um assassino desconhecido *atirou* no rei

876. *soon/em breve*

I will deliver the letter *soon*	Entregarei a carta *em breve*
How *soon* can you come?	Quão *breve* você pode vir?
The train will reach very *soon*	O trem chegará muito *em breve*

877. *specifically/especificamente*

I would like *specifically* this information	Gostaria *especificamente* desta informação
She *specifically* stated she would come	Ela afirmou *especificamente* que viria
My doctor told me *specifically* to avoid meat.	Meu médico me disse *especificamente* para evitar carne.

878. *stand/estar-em pé*

The book *stands* on the table	O livro *está* sobre a mesa
Where is the bus *stand* located?	Onde *está* localizado o ponto de ônibus?
Can you *stand* on one leg?	Você pode ficar *em pé* uma perna?

879. *teaching/ensinando*

I am *teaching* in the University	Eu estou *ensinando* na universidade
What do you do apart from *teaching*?	O que você faz além de *ensinar*?
Teaching is a noble profession.	*Ensinar* é uma profissão nobre.

880. *warm/quente*

The room was *warm*	A sala estava *quente*
The winter is *warm*	O inverno é *quente*
This sweater is *warm*	Este suéter é *quente*.

881. *wonderful/maravilhoso*

We had a *wonderful* time	Tivemos um momento *maravilhoso*.
She is a *wonderful* woman	Ela é uma mulher *maravilhosa*
She gave me a *wonderful* present	Ela me deu um presente *maravilhoso*

882. *young/jovem*

I am *young*.	Sou *jovem*.
He looks *young*.	Ele parece *jovem*.
Being *young* is better than being old	Ser *jovem* é melhor do que ser velho

883. *ahead/adiante- a frente*

The car went *ahead* of us	O carro passou à nossa *frente*
Jim moved *ahead* in his career	Jim seguiu em *frente* na sua carreira.
Ahead you will find the spot	*À frente* você encontrará o local

884. *brush/pincel-escova*

She gave him the *brush*	Ela deu a ele o *pincel*
Brush your teeth after each meal	*Escove* os dentes após cada refeição
She cleaned the kitchen floor with a *brush*	Ela limpou o chão da cozinha com uma *escova*

885. *cell/célula-cela*

The prison *cell* is very hot	A *cela* da prisão é muito quente
You can use a dry *cell* in this machine	Você pode usar uma *célula* seca nesta máquina
Where is the *cell* of Goering?	Onde está a *cela* de Goering?

886. *couple/casal-par*

We are a married *couple*	Nós somos um *casal* casado.
I am taking a *couple* of days off	Eu estou tirando um *par* de dias de folga
May I ask you a *couple* of questions?	Posso fazer um *par* de perguntas?

887. *daily/diariamente*

This is a *daily* newspaper	Este é um jornal *diário*
I always listen to the *daily* news	Eu sempre escuto as notícias *diárias*
I drink a glass of milk on a *daily* basis	Eu bebo um copo de leite em base *diária*

888. *dealer/distribuidor-comerciante*

The *dealer* is very dishonest	O *comerciante* é muito desonesto
The drug *dealer* was very shrewd	O *traficante* de drogas era muito perspicaz
Contact the *dealer*	Entre em contato com o *distribuidor*

889. *debate/debater*

There is a *debate* about capital punishment	Há um *debate* sobre pena de morte
The long *debate* ended in a stalemate	O longo *debate* terminou em um impasse
It is better to *debate* the question	É melhor *debater* a questão

890. *discover/descobrir*

He was lucky to *discover* oil	Ele teve sorte de *descobrir* petróleo.
We have yet to *discover* the solution	Ainda temos que *descobrir* a solução
Studying you can *discover* your ignorance	Estudando você pode *descobrir* sua ignorância

891. *ensure/assegurar*

Careful preparations will *ensure* success.	Cuidadosos preparativos *asseguram* o sucesso.
You need to *ensure* his presence.	Você precisa *assegurar* a presença dele.

Did you *ensure* he got the documents?	Você *assegura* que ele recebeu os documentos?

892. *exit/sair*

The *exit* is on the other side	A *saída* está do outro lado
The *exit* gate is on the left	O portão de *saída* fica à esquerda
You should *exit* the museum now.	Você deve *sair* do museu agora.

893. *expect/esperar*

I do not *expect* anything from you	Eu não *espero* nada de você
Did you *expect* this?	Você *esperava* isso?
Tom will *expect* a gift on her birthday	Tom vai *esperar* um presente no aniversário dela

894. *experienced/experiente*

Jim is an *experienced* plumber	Jim é um encanador *experiente*
I am *experienced* engineer	Eu sou engenheiro experiente
Always rely on *experience*	Sempre confie na *experiência*

895. *fail/falhar*

I will *fail* in all projects	*Falharei* em todos os projetos
Jim will *fail* in physics.	Jim *falhará* em física.
Tom's project will *fail* .	O projeto de Tom *falhará*.

896. *finding/descoberta*

The *finding* is not very clear.	A *descoberta* não é muito clara.
Can you give details about your *finding*?	Você pode fornecer detalhes sobre sua *descoberta*?
Findings are never an easy task	*Descobertas* nunca são uma tarefa fácil

897. *front/frente-frontal*

The *front* door is locked	A porta da *frente* está trancada
The *front* gallery is beautiful	A galeria da *frente* é linda
Lock the *front* door when you leave	Tranque a porta da *frente* quando sair

898. *function/função*

The *function* of language is to communicate	A *função* da linguagem é comunicar
This body *function* is essential	Essa *função* corporal é essencial.
This software has many *functions*.	Este software tem muitas *funções*.

899. *heavy/pesado*

The luggage is very *heavy*	A bagagem está muito *pesada*
The boy is now very *heavy*	O garoto agora está muito *pesado*
The bag is too *heavy* to carry	A bolsa é muito *pesada* para transportar

900. *hello/olá*

Did you say *hello* to her?	Você disse *olá* para ela?
Hello! How are you?	*Olá*! Como você está?
I must say *hello* to him	Devo dizer *olá para ele*

RANKING: 901–1000
The 1000 most used Portuguese words

901. highly altamente	902. immediately imediatamente	903. impossible impossível	904. invest investir	905. lack falta
906. lake lago	907. lead liderar	908. listen escutar	909. living morando	910. member membro
911. message mensagem	912. phone telefone	913. plant planta	914. plastic plástico	915. reduce reduzir
916. relatively relativamente	917. scene cena	918. serious sério	919. slowly suavemente	920. speak falar
921. spot ponto	922. summer verão	923. taste sabor	924. theme tema	925. towards através
926. track pista	927. valuable valioso	928. whatever tanto faz	929. wing assa	930. worry preocupar
931. appear aparecer	932. appearance aparência	933. association associação	934. brain cérebro	935. button botão
936. click clique	937. concept conceito	938. correct correto	939. customer consumidor	940. death morte
941. desire desejo	942. discussion discussão	943. explain explicar	944. explore explorar	945. express expresso
946. fairly justamente	947. fixed fixo	948. foot pé	949. gas gás	950. handle lidar
951. housing acomodação	952. huge enorme	953. inflation inflação	954. influence influência	955. insurance seguro
956. involve envolver	957. leading liderando	958. lose perder	959. meet conhecer	960. mood humor
961. notice notar	962. primarily primordialmente	963. rain chover	964. rare raro	965. release liberar
966. sell vender	967. slow devagar	968. technical técnico	969. typical típico	970. upon sobre
971.	972.	973.	974.	975.

wall	woman	advice	afford	agree
parede	mulher	conselho	pagar	concordar
976. base	977. blood	978. clean	979. competitive	980. completely
base	sangue	limpo	competitivo	completamente
981. critical	982. damage	983. distance	984. effort	985. electronic
crítico	dano	distância	esforço	eletrônico
986. expression	987. feeling	988. finish	989. fresh	990. hear
expressão	sentimento	terminar	fresco	escutar
991. immediate	992. importance	993. normal	994. opinion	995. otherwise
imediato	importância	normal	opinião	caso contrário
996. pair	997. payment	998. plus	999. press	1000. reality
par	pagamento	mais	pressionar	realidade

901. *highly/altamente*

You are a *highly* efficient manager	Você é um gerente altamente eficiente
Your tips have been proven *highly* effective	Suas dicas foram comprovadamente *altamente* eficazes
This con man is *highly* well known	Este vigarista é altamente conhecido

902. *immediately/imediatamente*

My dad must be admitted *immediately*	Meu pai deve ser admitido *imediatamente*
She recognized him *immediately*.	Ela o reconheceu *imediatamente*.
She *immediately* quit the job	*Ela imediatamente* desistiu do trabalho

903. *impossible/impossível*

What you suggested is almost *impossible*	O que você sugeriu é quase *impossível*
Nothing is *impossible* in this world	Nada é *impossível* neste mundo

| Never think that a job is *impossible* | Nunca pense que um emprego é *impossível* |

904. *invest/investir*

I would love to *invest* in mutual funds	Eu adoraria *investir* em fundos mútuos
He promised he will *invest* a lot of money	Ele prometeu que vai *investir* muito dinheiro
Do not *invest* a huge capital at once	Não *invista* um capital enorme de uma só vez

905. *lack/falta*

He failed due to *lack* of money	Falhou devido à *falta* de dinheiro
His *lack* of technical knowledge harmed him	Sua *falta* de conhecimento técnico o prejudicou
This *lack* of common sense is very common	Essa *falta* de bom senso é muito comum

906. *lake/lago*

The house by the *lake* looks beautiful	A casa à beira do *lago* está linda
One day I will purchase a condo in the *lake*	Um dia vou comprar um condomínio no *lago*
Is allowed boating on this l*ake*?	É permitido andar de barco neste *lago*?

907. *lead/liderar-*

Lead your people and they will be grateful	Lidere seu pessoal e eles serão gratos
Just follow my *leadership*	Basta seguir minha *liderança*
Tom *leads* with examples	Tom *lidera* com exemplos

908. *listen/escutar*

| She doesn't *listen* to him | Ela não o *escuta.* |

| Nobody would *listen* to me | Ninguém iria me *escutar* |
| Don't *listen* to her | Não *escute ela* |

909. *living/vida-vivo*

He is a *living* example of a true magician	É um exemplo *vivo* de um verdadero mágico
I can earn my *living* running the shop	Eu posso ganhar a *vida* cuidando da loja
What do you do for a *living*?	O que você fez da *vida*?

910. *member/membro*

Are you a *member* of that society?	Você é um *membro* daquela sociedade?
I wish to be a library *member*	Eu desejo ser um *membro* da biblioteca
What are the rules of a new *member*?	Quais são as regras de um novo *membro*?

911. *message/mensagem*

Please send him this *message*	Por favor, envie-lhe esta *mensagem*
Can I leave a *message*?	Posso deixar uma *mensagem*?
Leave me a *message*, please.	Deixe uma *mensagem* para mim, por favor.

912. *phone/telefone*

I need to buy a new *phone*	Preciso comprar um *telefone novo*
Did you get the latest model of the *phone*?	Você recebeu o modelo mais recente do *telefone*?
It is hard to survive without a cell *phone*.	É difícil sobreviver sem um *telefone* celular.

913. *plant/plantar*

The terrorists will *plant* a bomb.	Os terroristas *plantarão* uma bomba.
I asked the gardener to *plant* some trees	Pedi ao jardineiro para *plantar* algumas árvores
Water please the *plants*	Molhe por favor as *plantas*

914. *plastic/plástico*

Do you accept *plastic*?	Você aceita *plástico*?
Tom is a *plastic* surgeon	Tom é um cirurgião *plástico*
Plastic does not burn easily	O *plástico* não queima facilmente

915. *reduce/reduzir*

The world must *reduce* carbon in the air	O mundo deve *reduzir* o carbono no ar
I need to *reduce* my weight	Preciso *reduzir* meu peso
Did you *reduce* your alcohol intake?	Você *reduziu* sua ingestão de álcool?

916. *relatively/relativamente*

She speaks *relatively* fast	Ela fala *relativamente* rápido
She speaks *relatively* quick	Ela fala com *relativa* rapidez
The store was *relatively* empty	A loja estava *relativamente* vazia

917. *scene/cena-local*

A crowd gathered at the *scene*	Uma multidão se reuniu no *local*
They went to the *scene* of the accident	Eles foram a *cena* do acidente
The last *scene* was very emotional	A última *cena* foi muito emocionante

918. *serious/sério*

Mary is not at all *serious* about her studies	Mary não leva nada a *sério* seus estudos
Are you *serious* on this issue?	Você está falando *sério* sobre esse assunto?
I need to be *serious* on this matter.	Eu preciso ser *sério* sobre este assunto.

919. *slowly/lentamente*

My mother speaks *slowly*	Minha mãe fala *lentamente*
I opened the door *slowly*	Abri a porta *lentamente*
Please speak more *slowly*	Por favor, fale *lentamente*

920. *speak/falar*

Speak out and you will be heard.	*Fale* e você será ouvido.
Did you *speak* to Tom about this?	Você *falou* com Tom sobre isso?
I need to *speak* to your parents	Eu preciso *falar* com seus pais

921. *spot/lugar-ponto*

I was in the real *spot*	Eu estava no *lugar* real
The referee pointed to the penalty *spot*.	O árbitro apontou para o *ponto* do pênalti.
He is an expert in selecting *spots*	Ele é especialista na seleção de *pontos*

922. *summer/verão*

It has been a long *summer* for the coach	Foi um longo *verão* para o treinador
The *summer* months were very hot	Os meses de *verão* eram muito quentes
I will go to London in the *summer* vacation	Eu irei a Londres nas férias de *verão*

923. *taste/sabor-gosto*

This fruit does not *taste* good	Esta fruta não tem um *gosto bom*
I don't like your *taste* regarding colors	Eu não gosto do seu *gosto* em relação às cores
The *taste* of the chicken dish is delicious	O *gosto* do frango é delicioso

924. *theme/tema*

This year the festival is based on a *theme*	Este ano o festival é baseado em um *tema*
Did you listen to the movie's *theme* song	Você ouviu a música *tema* do filme
The *theme* of the conference is superb	O *tema* da conferência é magnífico

925. *towards/para*

He walked *towards* the man with resolution	Ele caminhou *para* o homem com a solução
The batsman walked *towards* the pavilion	O batedor caminhou *para* o pavilhão
I ran *towards* the bus stand	Eu corri *para* o ponto de ônibus

926. *track/pista*

I got confused about the *track*	Fiquei confuso com a *pista*
We are on the right *track*	Estamos seguindo por essa *pista*.
I have selected the wrong *track*	Eu selecionei a *pista* errada

927. *valuable/valiosa*

I learned a *valuable* lesson today	Eu aprendi uma lição *valiosa* hoje
We are wasting *valuable* time here	Nós perdemos um tempo *valioso* aqui
Tom has found something *valuable*	Tom encontrou algo *valioso*

928.*whatever/qualquer coisa*

Do *whatever* you like.	Faça *o que* quiser.
Do *whatever* he tells you.	Faça *qualquer coisa* o que ele mandar.
Eat *whatever* food you like.	Coma *qualquer* comida que quiser.

929. *wing/asa*

I approached the left *wing*	Eu me aproximei da *assa* esquerda
Birds need wings to fly	Os pássaros precisam de *asas* para voar
The bird had a broken *wing*	O pássaro tinha uma *asa* quebrada

930. *worry/preocupação*

Do not *worry* about it	Não se *preocupe* com isso
She told him not to *worry*.	Ela lhe disse para não se *preocupar*.
Do not *worry* about the past.	Não se *preocupe* com o passado.

931. *appear/aparecer-parecer*

They *appeared* dead	*Eles pareciam* mortos
She failed to *appear* in court	Ela não *aparecer* em tribunal
Tom and Mary *appeared* suddenly	Tom e Mary *apareceram* de repente

932. *Appearance/aparência*

Appearance is very important in life	*Aparência* é muito importante na vida
Don't be fooled by her *appearance*	Não se deixe enganar pela *aparência dela*
Do not judge a man by his *appearance*	Não julgue um homem por sua *aparência*

933. *Association/associação*

They have formed a nationwide *association*	Eles formaram uma *associação* nacional
This kind of *association* should be banned	Esse tipo de *associação* deve ser banido
The *association* has passed a prohibition	A *associação* aprovou uma proibição

934. *Brain/cérebro*

He has a good *brain*	Ele tem um bom *cérebro*
Tom had a *brain* tumor	Tom teve um tumor no *cérebro*
He is an excellent *brain* surgeon	Ele é um excelente cirurgião *cerebral*

935. *Button/botão*

This *button* is loose	Este *botão* está solto
You only have to push the red *button*	Você só precisa pressionar o *botão* vermelho
Please *sew* the *button* for me.	Por favor, costure o *botão* para mim.

936. *Click/clique*

Just *click* on some photos of the couple	Basta *clicar* em algumas fotos do casal
We did not *click* in the right link	Nós não *clicamos* no link certo
One more *click* and we are done	Mais um clique e terminamos

937. *Concept/conceito*

The *concept* of the festival is unique	O *conceito* do festival é único1
I liked the *concept* of the documentary	Gostei do *conceito* do documentário
The *concept* of your research is god	O *conceito* da sua pesquisa é deus

938. *Correct/correto*

He must *correct* the spelling in the book	Ele deve *corrigir* a ortografia no livro
Can you *correct* your behavior?	Você pode *corrigir* seu comportamento?
I need to *correct* the answers	Preciso *corrigir* as respostas

939. *Customer/cliente*

The *customer* is frustrated with our service.	O *cliente* está frustrado com o nosso serviço.
More data about each *customer* is required	São necessários mais dados sobre cada *cliente*
Please suggest products to the *customer*	Por favor, sugira produtos para o *cliente*

940. *Death/morte*

Tom was shocked by the *death* of his friend	Tom ficou chocado com a *morte* de seu amigo
Do you know the cause of this *death*?	Você sabe a causa desta *morte*?
What caused his *death*?	O que causou sua *morte*?

941. *Desire/desejar*

I have a *desire* to become a pilot	Tenho *desejo* de me tornar piloto
What is your true *desire* in life?	Qual é o seu verdadeiro *desejo* na vida?
Do you *desire* to get noticed by the media?	Você *deseja* ser notado pela mídia?

942. *Discussion/discussão*

The police chief had a strong discussion	O chefe de polícia teve uma forte discussão
I have been called for a *discussion*.	Eu fui chamado para uma *discussão*.
The *discussion* on law and order is useful	A *discussão* sobre lei e ordem é útil

943. *Explain/explicar*

Please *explain* the situation	Por favor, *explique* a situação
I cannot *explain* it very well	Não sei *explicar* muito bem
I will *explain* the incident.	Vou *explicar* o incidente.

944. *Explore/explorar*

Let us *explore* the possibilities	Vamos *explorar* as possibilidades
He likes to *explore* underground caves	Ele gosta de *explorar* cavernas subterrâneas.
He hopes to *explore* the island	Ele espera *explorar* a ilha

945. *Express/expressar*

I will *express* my feeling now	Vou *expressar* meu sentimento agora
Tom had an chance to express himself	Tom teve a chance de se *expressar*
I did not *express* any interest in her business.	Não *expressei* interesse nos negócios dela.

946. *Fair/justo*

The students had a *fair* chance	Os alunos tiveram uma chance *justa*
I am *fair to everybody*.	Eu sou *justo* com todo mundo.
It is a *fair* deal for the school	É um acordo *justo* para a escola

947. *Fixed/consertado*

I have *fixed* the problem on my own.	*Consertei* o problema sozinho.
The plumber *fixed* the leaking pipe.	O encanador *consertou* o cano vazando. .
Can this error be *fixed*?	Este erro pode ser consertado?

948. *Foot/pé*

We traveled on *foot*.	Nós viajamos a *pé*.
Do you go to school on *foot*?	Você vai à escola a *pé?*
He hurt his left *foot* when he fell.	Ele machucou o *pé* esquerdo quando caiu.

949. *Gas/gá*

Turn off the *gas*	Desligue o *gás*
This heater burns *gas*	Este aquecedor queima *gás*
Where do I pay for the *gas*?	Onde eu pago pelo *gás*?

950. *Handle/lidar*

The handling of the situation was wrong	O *lidar* com a situação estava errado
Can you *handle* this situation?	Você pode *lidar* com esta situação?
She handled the anger carefully	*Ela lidou* com a raiva com cuidado

951. *Housing/ habitações*

Construction for the new *housing* is going on	A construção das novas *habitações* está em andamento
This old building is our *housing*	Este antigo edifício é a nossa *habitação*
The *housing* board met already	O conselho da *habitação* já se reuniu

952. *Huge/enorme*

I received a *huge* fortune.	Eu recebi uma *enorme* fortuna.
My surprise was huge	Minha surpresa foi *enorme*
He is a *huge* man, tall and strong	Ele é um homem *enorme*, alto e forte

953. *Inflation/inflação*

The country is under a high *inflation* rate	O país está sob uma alta taxa de *inflação*
We need to curb *inflation*	Precisamos conter a *inflação*
What is the rate of *inflation* in Europe?	Qual é a taxa de i*nflação* na Europa?

954.   *Influence/influência*

Tom is a bad *influence*	Tom é uma má *influência*
You are a bad *influence*.	Você é uma má *influência*.
TV has a bad *influence* on children.	A TV tem uma *influência* ruim para as crianças.

955.*insurance/seguro*

You must buy a car *insurance*	Você deve comprar um *seguro* de carro
Is this the best health *insurance* plan?	Este é o melhor plano de *seguro* de saúde?
I am going to compare the *insurance* policies	Vou comparar as apólices de *seguro*

956. *involve/envolver*

I did not mean to *involve* you.	Eu não quis te *envolver*.
This *involves* the whole community	Isso *envolve* toda a comunidade
What does this decision *involve*?	O que *envolve* essa decisão?

957.*leading/liderando*

Tom is *leading* the party.	Tom está *liderando* a festa.
Are you *leading* this change?	Você está *liderando* essa mudança?
Are you l*eading* the camp group?	Você está *liderando* o grupo do

	acampamento?

958. *lose/perder*

Do not *lose* your attitude	Não *perca* a sua atitude
Do not *lose* your temper	Não *perca* a paciência
Do not *lose* your sleep over that	Não *perca* o sono por isso

959. *meet/conhecer*

Nice to *meet* you	Prazer em *conhecê-lo*
Whom did you *meet*?	Quem você *conheceu*?
Where will we *meet*?	Onde nos *conhecemos*?

960. *mood/humor*

She was in the *mood* for a walk	Ela estava com *humor* de passear
She was not in the *mood* for lunch	Ela não estava com *humor* para almoço
I am in *mood* for a few drinks	Estou de bom *humor* para algumas bebidas

961. *notice/notar*

Did you *notice* any change?	Você *notou* alguma alteração?
Wait until you *notice* a change	Espere até você *notar* uma mudança
I did not *notice* the difference	Eu não *notei* a diferença

962. *primarily/principalmente*

The PC is used *primarily* by my people	O PC é usado *principalmente* pelo meu pessoal

| The norm involves *primarily* the children | A norma envolve *principalmente* as crianças |
| Hia values are *primarily* our own | Seus valores são *primeiramente* seus próprios |

963. *rain/chover*

It may *rain*.	Pode *chover*.
It looks like *rain*.	Parece que vai *chover*.
Will it *rain* today?	Vai *chover* hoje?

964. *rare/raro*

I like *rare* cuisine	Eu gosto de cozinha *rara*
I found a *rare* book I had been looking for.	Encontrei um livro *raro* que procurava.
It is not *rare* to find an octogenarian here	Não é *raro* encontrar um octogenário aqui

965. *release/liberar*

Tom will be *released* from prison today	Tom será *libertado* da prisão hoje
I will *release* all the documents	Vou *liberar* todos os documentos
The Judge asked to *release* the man.	O juiz pediu para *libertar* o homem.

966. *sell/vender*

Her books *sell* pretty well.	O livro dela *vende* muito bem.
Will you *sell* your car to me?	Você vai *vender* seu carro para mim?
Will you *sell* your this year?	Você vai *vender* seu este ano?

967. *slow/devagar*

Just *slow* down	Apenas vá *devagar*
Tom is going too *slow*	Tom está indo muito *devagar*
We took it *slow*	Nós estamos indo *devagar*

968. *technical/técnico*

She advises him on *technical* matters	Ela o aconselha em questões *técnicas.*
There are some *technical* difficulties	Existem muitas dificuldades *técnincas*
They are friends from my *technical* school	Eles são amigos da escola *técnica.*

969. *typical/típico*

This is very *typical* of Jim	Isto é muito *típico* do Jim
It was a *typical* night	Era uma noite *típica*
He gave the *typical* greeting	Ele deu uma saudação *típica*

970. *upon/sobre*

I hit *upon* the floor	Eu cai *sobre* o chão
Fate fell *upon* me.	O destino caiu *sobre* mim.
You can rest *upon* the bed	Você pode descansar sobre a cama

971. *wall/parede*

This *wall* feels cold	Esta parede está fria
Ken jumped over the *wall*	Ken pulou a *parede*
She painted the *wall* color pink	Ela pintou a *parede* de cor de rosa

972. *woman/mulher*

She is a quiet *woman*	Ela é uma *mulher* e tanto
The *woman* is reading	O *mulher* está lendo
Who is that old *woman*?	Quem é aquela *mulher* velha?

973. *advice/conselho*

I need *advice*.	Eu preciso de *conselhos*.
Take my *advice*.	Aceite meu *conselho*.
Follow my *advice*.	Siga meu *conselho*.

974. *afford/ pagar*

Tom cannot *afford* it	Tom não pode *pagar*
We cannot *afford* to be choosy	Não podemos *nos dar* ao luxo de ser exigentes
I cannot *afford* anything like that	Eu não posso *pagar* algo assim

975. *agree/concordar*

I *agree* with Tom on that matter	Eu *concordo* com Tom sobre esse assunto
I *agree* with you as, as always	Eu *concordo* com você como sempre
They might *agree* tomorrow	Eles vão *concordar* amanhã

976. *base/base*

He threw the ball to first *base*	Ele jogou a bola para a primeira *base*
He did not come back to the *base* yesterday	Ele não voltou à *base* ontem
Tom stole a *base*	Tom robou a *base*

977. *blood/sangue*

I have high *blood* pressure	Tenho pressão *sanguínea* alta.
Have you ever donated *blood*?	Você já dou *sangue*?
You should go for a *blood* test.	Você deveria fazer um teste de *sangue*.

978.*clean/limpo*

Clean your room.	*Limpe* o teu quarto.
Clean up the room.	*Limpem* o quarto.
Is the bath *clean*?	O banheiro está *limpo*?

979. *competitive/competitivo*

Tom is very *competitive* in nature	Tom é de natureza muito *competitiva*
This is a highly *competitive* world	Este é um mundo altamente *competitivo*
Do not be too much *competitive*	Não seja muito *competitivo*

980. *completely/completamente*

I trust him *completely*	Eu confio nele *completamente*
I am *completely* exhausted	Estou *completamente* exausta
She ignores him *completely*	Ela o ignora *completamente*.

981. *critical/crítico*

Tom had been very *critical* about this	Tom tinha sido muito *crítico* sobre isso
At least he did not look so *critical*	Pelo menos ele não parecia tão *crítico*
He is in a very *critical* condition	Ele está em uma condição muito *crítica*

982. *damage/dano*

The *damage* is done	O *dano* está feito
The storm caused a lot of *damage*	A tempestade causou muitos *danos*
There has been *damages* by the earthquake	Houve *danos* pelo terremoto

983. *distance/distância*

Keep your *distance*	Mantenha *distância*
I cannot judge from this *distance*	Eu não posso julgar a essa *distância*
I saw a town in the *distance*	Eu vi uma cidade a *distância*

984. *effort/esforço*

I wonder if my *effort* will pay off	Gostaria de saber se meu *esforço* será recompensado
He found all his *efforts* useless	Ele viu todos os seus *esforços* inúteis
We cannot help admiring their *effort*	Não podemos deixar de admirar seu *esforço.*

985. *electronic/eletrônico*

He is studying *electronic* engineering	Ele está estudando engenharia *eletrônica*
It is an *electronic* car	É um carro *eletrônico*
Do you have an *electronic* train set?	Você tem um conjunto de trem *eletrônico*?

986. *expression/expressão*

The *expression* on her face was worth it	A *expressão* em seu rosto valeu a pena
He had a nice *expression* when hearing you	Ele tinha uma boa *expressão* ao ouvir você
Look at her *expression* on seeing the gifts!	Veja a *expressão* dela ao ver os presentes!

987. *feeling/sentimento*

I hold strange *feelings*	Eu mantenho sentimentos estranhos.
I am having tender *feelings* now	Estou tendo *sentimentos* ternos agora
I have confused *feelings*	Eu tenho *sentimentos confusos*

988. *finish/terminar*

Did you *finish* the job?	Você *terminou* o trabalho?
When did you *finish* the work?	Quando você *terminou* o trabalho?
He will *finish* the job by tomorrow	Ele *terminará* o trabalho amanhã

989. *fresh/fresco*

I want some *fresh* eggs	Quero ovos *frescos*
Eat more *fresh* vegetables.	Coma mais vegetais *frescos*.
This food is not fresh	Esta comida não é *fresca*

990. *hear/escutar*

I *hear* music	*Eu escuto* música
Do you hear *me?*	Você está *me* escutando?
I cannot *hear* it	Eu consigo *escutar*.

991. *immediate/imediato*

Tom's response was *immediate*	A resposta de Tom foi *imediata*
The medicine had an *immediate* effect	O remédio tinha efeito *imediato*.
The effect was *immediate*.	O efeito foi *imediato*.

992. *importance/importância*

This museum has lost its *importance*	Este museu perdeu sua *importância*
What is the *importance* of this dossier?	Qual a *importância* deste dossiê?
This matter is of prime *importance*	Este assunto é de primordial *importância*

993. *normal/normal*

Everything looks *normal*	Tudo parece *normal*
He thinks that is *normal*.	Ele acha que isso é *normal*.
It is healthy and *normal*	É saudável e *normal*

994. *opinion/opinião*

I have an *opinion*	Eu tenho uma *opinião*
I agree with your *opinion*	Concordo com sua *opinião*
His *opinion* was not accepted.	Sua *opinião* não foi aceita.

995. *otherwise/ao contrário*

I heard *otherwise*	Ouvi ao *contrário*
I could not do *otherwise*	Eu não poderia fazer o *contrário*
Do not ever think *otherwise*	Nunca pense o *contrário*

996. *pair/par*

He bought a *pair* of shoes	Ele comprou um *par* de sapato.
Nancy wants a *pair* of red shoes	Nancy quer um *par* de sapatos vermelhos
I have to buy a new *pair* of socks	Tenho um novo *par* de meias.

997. *payment/pago-pagamento*

He demanded *payment* of the debt	Ele exigiu o *pagamento* da dívida
Payment is required in advance	O *pagamento* é exigido antecipadamente
They are pushing me for *payment*	Eles estão me pressionando para *pagar*

998. *plus/mais*

He has a huge bag *plus* a suitcase	Ele tem uma bolsa enorme *mais* uma mala
The *plus* sign should be on his car	O sinal de *mais* deve estar em seu carro
All ambulances carry a *plus* sign.	Todas as ambulâncias têm um sinal de *mais*.

999. *press/pressionar-pulsar-imprensa*

The *press* should be informed about this	A *imprensa* deve ser informada sobre isso
Press the button to call the driver	*Pressione* o botão para ligar para o motorista
You must *press* the alarm at once	Você deve *pressionar* o alarme uma vez

1000. *reality/realidade*

I like fiction rather than *reality*	Eu gosto da ficção ao invés da *realidade*
The *reality* is not what it seems	A *realidade* não é o que parece
Reality is different from fiction	A *realidade* é diferente da ficção

THE END

Printed in Great Britain
by Amazon

16507718R00133